山口・常栄寺庭園の映像（2021年7月27日）から
3D点群データへの変遷（172頁参照）

日本庭園をめぐる

デジタル・アーカイヴの可能性

原 瑠璃彦
Rurihiko Hara

ハヤカワ新書 008

まえがき

「庭」、あるいは「日本庭園」という言葉を聞いたとき、人はどのようなものを思い浮かべるだろうか。松や桜の古木が生え、杜若《かきつばた》や百日紅《さるすべり》の花が咲き、水が滝から池に流れ込み、ところどころに石が立てられている。たとえば、京都を旅行したことのある人は、そういった庭を歩いた記憶があるかもしれない。

今日、日本庭園は無数にある。おそらく、ある程度、日本で時間を過ごしたことのある人で、日本庭園に全く触れたことがないという人はあまりいないだろう。そして、日本庭園をことさらに嫌っている人も、めったにいないだろう。多くの人は、普段それほど意識していなくとも、何となく日本庭園を好んでいるようである。

人と庭を訪れたとき、しばしば私はその庭の「解説」を求められる。そういうとき、もちろん必要に応じて、その庭の成立やコンセプト、見どころについての話はするが、正直いつもそのことに躊躇《ためら》いのようなものを感じている。もちろん、それらは庭の体験の有用な手がかりにはなるだろうが、庭についてそう簡単に「解説」することなどできないし、庭の本質はそんなところにはないと私は考えている。というのも、一つの庭を知ること、把握することはあまりに困難であり、原理的に言って不可能だからである。

日本庭園は、石や水、植物といったさまざまな要素によって構成されている。それらは、その土地の特異性を踏まえて構成されている。そして、その骨格である石組も、加工されていない自然石であり、植物なども一つ一つの個体である。庭がつくられる場、それを構成する要素に二つとして同じものはない。

さらに、庭は時間とともに動き、変化し続ける。木々や草花は風に揺れ、水は流れ続ける。一日のなかでも、天候によって見え方は変わり、また季節による趣きの移ろいは、日本庭園の重要なポイントである。そして、そうした四季のひとめぐりが蓄積されてゆくことで、木々が成長したり枯れたりと、大きな変化が生じることもある。そこに鳥や虫が訪れ、飛び交い、鳴き声を添える。庭園という「舞台」においては、常に一回きりの、再現し得ない「上演」が繰り広げられているのである。

その上、園内を回遊する池泉回遊式庭園などであれば、庭を体験する位置は無限にあり、どこにいるかによっても体験は全く異なる。

このように、庭を見ること、体験すること、知ることは、きわめて困難である。考えてみればそれは当たり前のことではある。要するに、庭での体験とは、地球環境の体験の縮図である。それはまた、人にとって、鏡のような存在にもなりうる。人が時とともに年老いてゆくように、庭もまた時とともに変化してゆく。それゆえ、時に庭は、人の人生と重ね合わされる。

本書は、日本庭園という複雑で豊かな場を総体的に捉える視座、言い換えるならば、日本庭園を絶えず変化する動態として捉えるパースペクティヴを提示しようとするものである。

日本庭園の研究については先人たちによる膨大な蓄積がある。しかし、そこでは、日本庭園のなかの不動の部分、動かない部分——たとえば時代を超えて継承される石組などの庭園のフォルム、あるいは様式——ばかりが追究され、こうした日本の庭の動的な部分、そこで刻一刻と進行している「上演」を捉える視点があまりにも抜けていたように思われる。

本書では、日本庭園という動態を総体的に捉えるにあたって、日本庭園を、揺らぎを持った「舞台」で絶えず「上演」が行われているものと見立てる視座をとっている。その「上演」は常に一回きりで、二つとして同じ現象は生じないがゆえに、それらを捉えることはきわめて困難であり、結局は限界に当たる。しかし、そのように挑むことは、日本庭園の本質がいかなるものか、という根源的な問いに通じていると思われる。

このことを踏まえつつ、私は、庭園アーカイヴ・プロジェクトという、現代のテクノロジーを用いることで、日本庭園についての新しいアーカイヴを開発する研究プロジェクトを進めている。そこでは、3Dスキャン、撮影や録音、DNA調査など、さまざまな手法で日本庭園のデータを取得し、それらを総合した新しいアーカイヴの研究開発を行っている。

日本庭園とは、常に変化し続けるものであるため、そのアーカイヴの構築はきわめて困難である。いかにテクノロジーが進化したとは言え、庭のアーカイヴはどうしても不十分なものになる。庭とアーカイヴは全く相矛盾する二項であるように思われる。

しかし、その不可能性、矛盾を前提とした上であえてアーカイヴに挑むことで、日本庭園の性質がより露わになるのではないか。テクノロジーは、翻弄されることなくうまく活用すれば、人の経験をより豊かにしてくれる。そうした考えのもと進めているのが、庭園アーカイヴ・プロジェクトである。

以下、本書の大方の流れについて記す。

第1章では、日本庭園という、絶えず「上演」が繰り返される「舞台」の成り立ちを紐解くにあたって、その構成要素である石や水、植物を順に取り上げ、それらの歴史や背後にある思想を論じるとともに、これらによって構成される日本庭園の享受のあり方について触れる。

第2章では、変化しつづける動態としての日本庭園を捉える試みとして、庭園アーカイヴ・プロジェクトの活動を取り上げる。その制作プロセスとコンセプトを辿りながら、テクノロジーと対話することで露わになる日本庭園の本質について論じる。

第1章と第2章は、それぞれ人文学的手法と実践的手法、あるいは文系的アプローチと理系的アプローチ、歴史篇と現代篇などと位置付けることも可能であろう。

第3章は、言わば、未来篇である。日本庭園の歴史が綿々と続いている一方で、それを描いた絵や縮小したミニチュアなど、二次的な複製メディア、アーカイヴの歴史も綿々とあった。ここでは、こうした日本庭園と、そのメディア、アーカイヴの二つの系譜をさかのぼった上で、現在進行中の庭園アーカイヴ・プロジェクトの取り組みを紹介するとともに、日本庭園の体験の未来についての展望を述べる。

日本庭園への問いとは、決して終りのないものである。体験し尽くすことのできない、知り尽くすことのできない庭を、本書はこれからめぐってゆく。

目次

第1章

日本庭園という「舞台」と「上演」

無数の日本庭園を捉えるにあたって

今日、日本庭園は国内にとどまらず、海外にも多数存在する。日本庭園の数を数えることは難しい。また、「日本庭園」という定義自体も少々曖昧なものである。おそらく「日本庭園＝日本でつくられた庭園一般」と捉えるくらいの方が現実的なようである。日本庭園は、必ずしも、日本で培われた伝統的な庭園様式と言えるわけでもない。

たとえば、東京の新宿御苑。そこにはイギリス風景式庭園やイタリアの整形式庭園、中国庭園と日本庭園といった複数の庭園様式が混在している。そうした複数の様式が混在する新宿御苑という庭園自体も、日本庭園の一つである。

後にも紹介する重森三玲による『日本庭園史大系』全三十五巻（一九七一—七六）は、全国三百五十七箇所の庭園を対象としている。また、おそらくは今日、日本庭園に関してもっとも充実しており、かつもっとも頻繁に参照されているであろうウェブサイト「庭園情報メディア【おにわさん】」には、約千八百カ所の日本庭園・名勝地が掲載されている。さらに近年は、海外にますます多くの日本庭園がつくられていることも一つの話題となっている。東京農業大学国際日本庭園研究センターのウェブサイトによれば、海外では五大陸百以上の国と地域に五百以上の日本庭園が公開されているという。

右にあげられているものは、基本的にいずれも名のある庭園である。それらのほとんどは、限定的なものもあるが、原則として誰でも訪れることができる。しかし、個人の家にもまた、日本庭園があることが多い。そういうものも範疇に入れるならば、日本庭園の数を数えることはますます困難になる。

こうした無数の事例からなる日本庭園に対し、日本庭園とは何か、その基盤となるコンセプト、思想は何かを問うにあたって、どのような方法があるだろうか。日本庭園は時代ごとにさまざまな様式を生み出しながら発展してきた。それゆえ、各時代の代表的な事例を取り上げてゆくことで、日本庭園の歴史の概要、その背景にある思想を知ることができるだろう。そうした日本庭園通史についてはすでに優れた著作が多数ある。教科書的な書物としては、進士五十八『日本の庭園――造景の技とこころ』、小野健吉『日本庭園――空間の美の歴史』などがあげられる。

しかし、本章では、こうした通史的なアプローチではなく、日本の庭を構成する要素を一つずつ取り上げながら、さまざまな時代の庭園を紹介する手法を取ってみたい。長い日本庭園の歴史のなかでは、時代を通じて共通する要素がいくつか指摘できる。具体的には、石や水、中島《なかしま》、植物などである。これらの要素を手がかりに、時代を横断しながら議論を進めることで、日本庭園全体の基盤となるコンセプト、思想を描き出すことができるだろう。また、これによって、読者の方々が今後、無数の個別の日本庭園を訪れ体験する際の参考にもなると考えている。

日本庭園史概略

とは言え、いきなり日本庭園の構成要素を取り上げてゆくのはさすがに不親切だろう。ここでは、通史からなる日本庭園の概略をごく簡単に触れておくことにする。（以下は、日本庭園史のレジュメに過ぎないため、読み飛ばしていただいても構わない。）

日本庭園の源流・飛鳥時代

日本庭園の歴史の始点としてしばしば語られるのが、『日本書紀』における六一二年（推古天皇二十）五月に見られる記事である。そこには百済国《くだらのくに》から作庭の巧みな路子工《みちこのたくみ》が渡来したと記されている。『日本書紀』によれば、彼は顔から身体全体に白い斑《まだら》があり、海中の島

石神遺跡（奈良県明日香村）
7世紀
提供：奈良文化財研究所

阿智神社（岡山県倉敷市）磐座

に棄《す》てられそうになったという。しかし彼が、自分は「山岳《やま》の形」を築くのが上手いため国の役に立つと述べたところ、朝廷に起用され、内裏《だいり》の南側にある広場（南庭《おおば》）に須弥山《しゅみせん》（仏教における伝説上の山）や呉橋《くれはし》をつくったという。これが日本庭園史の濫觴《らんしょう》としてしばしば取り上げられる。

かつては飛鳥時代の庭園を知る手立ては文献資料しかなかったが、一九六〇年代頃より発掘調査が行われ、奈良県明日香村の島庄《しまのしょう》遺跡や石神遺跡などから当時の庭園遺構が発掘されている。これらの遺構から知られる当時の庭園の特徴の一つは、後世の日本庭園には見られない方形池などの直線を基調とした池であり、

大湯環状列石（秋田県鹿角市）
縄文時代後期（紀元前約2000年）
提供：鹿角市教育委員会

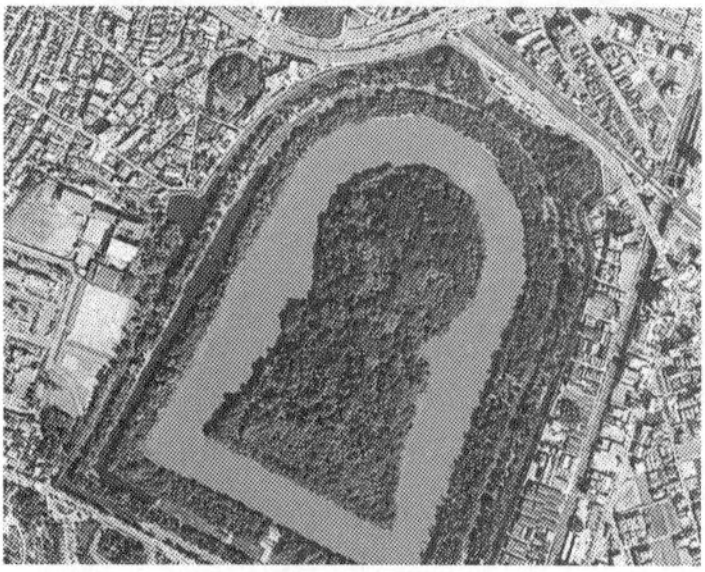
仁徳天皇陵
（大阪府堺市）
5世紀中頃

これらは百済の影響を如実に受けたものと言われる。また、石神遺跡からは、須弥山を模したと思しき石造物も発見されており、右の『日本書紀』の記事の須弥山との関係が説かれているが、こうした人工的な石造物が盛んに用いられることも、この時代の庭園の特徴である。

しかし、もう少し広い視点に立てば、日本庭園の源流はもっと古いところに求めることができる。磐座《いわくら》や磐境《いわさか》といった信仰の対象としての岩石や、集合墓地や祭祀の場だったと言われる縄文時代の環状列石は、石のコンポジションという点で、日本庭園の石組《いしぐみ》の原形と見なすことができる。また、古墳も、山のように土を盛ることや、水で囲まれた島のような

寝殿造の代表例・東三条殿の復元模型　森蘊制作　（京都文化博物館蔵）

構造を持つことから、日本庭園との類似が指摘できる。

奈良時代・平安時代

飛鳥時代の庭園は、百済の影響を如実に受けたものだったが、奈良時代になると、いわゆる「日本らしい」庭園が成立してくる。これらも当時の庭園遺構が多数発見されることで実態がより明らかになってきた。飛鳥時代に直線を基調としていた池の汀線《ていせん》は曲線となり、池と陸地の境界は、後に触れる「洲浜《すはま》」のような、なだらかな傾斜からなる境界となる。また、人工的な石造物は影を潜め、自然石を組み合わせた石組が主流になってくる。こうした手法は、以後、日本庭園に継承されてゆく。奈良時代の庭園も、そのまま継承されているものは現存しないが、発掘調査に基づいて復元整備された平城宮跡・東院庭園や平城京左京三条二坊宮跡庭園などから、当時の庭園の様子を存分に窺《うかが》うことができる。

平安時代には、奈良時代の庭園を引き継ぎつつ、日本風の

平等院（京都府宇治市）　提供：平等院

庭園の様式が確立されたと言える。いわゆる、平安貴族の住宅様式である寝殿造とセットになって成立したのが、寝殿造庭園である。これについては、歴史の教科書などにもしばしば図版が掲載されているため、イメージがつきやすいかもしれない。南向きの寝殿を中心とするコの字型の建築の南側に、大きな池を中心とした庭園がつくられた。邸宅の北東から遣水《やりみず》によって水が引き込まれ、それが池に流れ込み、邸宅の南西側から外へ流れてゆく。池には必ず中島がつくられ、場合によっては橋がかけられた。

　平安時代後期になると、仏教における理想世界・極楽浄土を模した庭園、いわゆる浄土式庭園が大成される。その代表が宇治・平等院である。平等院は、藤原道長の子・頼通（九九二―一〇七四）によって建立された寺院だが、庭園も建築もともに現代に継承されている点できわめて貴重な例である。平等院

天龍寺（京都市右京区）

は以後、盛んに模倣され、各地に類似する浄土式庭園がつくられた。

鎌倉時代・南北朝時代・室町時代・安土桃山時代

鎌倉時代になると禅宗それも臨済宗と庭園の結びつきが生まれる。この頃の最重要人物は、鎌倉時代末から南北朝時代にかけて活躍した臨済宗の僧侶・夢窓疎石《むそうそせき》（一二七五―一三五一）である。彼は、「国師」という天皇に仏法を教える高僧であり、その足跡は幅広く、日本庭園への影響も大きい。夢窓疎石は一箇所に長く定住することなく、日本各地を移動しながら、その各所で優れた庭園を残している。京都では、西芳寺の枯山水石組がその作と伝えられるほか、天龍寺が有名で、いずれも力強い石組が特徴である。地方であれば永保寺（岐阜県多治見市）、恵林寺《えりんじ》（山梨県甲州市）、瑞泉寺（神奈川県鎌倉

大徳寺大仙院（京都市北区）

市）などに、夢窓疎石の庭園が伝えられている。

室町時代の庭園において有名なものは、金閣寺（鹿苑寺《ろくおんじ》金閣）、銀閣寺（慈《じ》照寺《しょうじ》銀閣）であろう。が、ここでは建築の方が目立ち、その庭園の特徴を一言で指摘することは難しい。とくに銀閣寺東求堂《とうぐどう》は、この頃、寝殿造を母体として成立しつつあった書院造《しょいんづくり》の原形とされる。書院造に対応した庭園を書院造庭園と呼ぶ場合もあり、そこでは、屋内に座って観ることが重視された。

一方、室町時代に大成された庭園の様式として注目されるのは、枯山水庭園である。大徳寺大仙院《だいせんいん》や龍安寺《りょうあんじ》石庭のような、白砂が敷かれ、そこに石や植物が配置される庭園様式である。（もっとも、龍安寺石庭が現在のようなかたちに定着したのは江戸時代とする説もある）。枯山水庭園の注目されるところは、その名称の通り、水を用いずに水の風景を構成す

龍安寺石庭（京都市右京区）提供：龍安寺

ることである。後にも述べるように、日本の庭園は水の風景を構成することで一貫しているが、枯山水は水を用いないという点で特異なものである。こうした様式がどのようにして生まれたかについては、今日なお諸説あり固まっていないが、その極限まで切り詰めた表現手法は、国内外問わず、もっともインパクトを持つ日本庭園の様式と言っても過言でないだろう。

安土桃山時代頃から登場する庭園の様式として重要なのは、露地《ろじ》の庭である。これは当時大成されつつあった茶の湯と関わっている。都市において、しばし茶の湯のための静寂な空間である茶室へ移行する通路《パサージュ》としての庭である。そこには飛石《とびいし》や蹲踞《つくばい》、石灯籠《いしどうろう》が配置され、景石、つまり鑑賞のための石はあまり立てられず、また、花も植えられず、松や常緑樹などの植物に抑えられる。こう

露地の庭　有斐斎弘道館（京都市上京区）　撮影：Shinji Kameda

した形式は、武野紹鷗《たけのじょうおう》（一五〇二―五五）あたりから芽生え、千利休（一五二二―九一）、古田織部（一五四四―一六一五）、小堀遠州（一五七九―一六四七）といった茶人たちの手を介して発展していった。

また、先に述べた書院造庭園の発展したものとして、安土桃山時代から江戸時代のはじめに成立した醍醐寺三宝院庭園や二条城二の丸庭園も重要な例である。

江戸時代――集大成としての池泉回遊式庭園《ちせんかいゆうしき》

江戸時代には、池泉回遊式庭園という、文字通りに池泉を中心にその周囲をめぐる庭園様式が成立する。池泉回遊式庭園は、それまでに成立した庭園様式の集大成としての性格を有している。すなわち、大きな池泉の周囲に、茶室や枯山水庭園など、さま

桂離宮（京都市西京区）

ざまな様式の庭園を配置する。その初期の例が、桂離宮庭園や修学院離宮庭園である。

これらは皇族関係の庭園であるが、そうした様式がやがて江戸時代の将軍家、大名家にも取り入れられていく。いわゆる大名庭園である。

江戸時代、参勤交代制度によって、全国の大名は定期的に江戸に居住する必要があった。そのために各大名は江戸に屋敷を構えるが、一方で、江戸では火事が頻発した。そこで大名たちは、上屋敷《かみやしき》・中屋敷《なかやしき》・下屋敷《しもやしき》といった複数の邸宅を構えるようになる。この上・中・下の順は、江戸の中心である江戸城に近い順を基本としている。各屋敷には庭園が設置されたが、なかでも下屋敷に広い庭園がつくられることが多かった。

こうした大名庭園が、江戸時代、驚異的な数

小石川後楽園（東京都文京区）園内図

①西門　②涵徳亭　③枯滝　④小廬山　⑤渡月橋　⑥西湖堤　⑦大堰川　⑧清水観音堂跡　⑨音羽滝　⑩得仁堂　⑪蓮の池　⑫白糸滝　⑬松林　⑭円月橋　⑮愛宕坂　⑯八卦堂跡　⑰梅林　⑱琴画亭跡　⑲八つ橋　⑳花菖蒲田　㉑稲田　㉒九八屋　㉓蓬萊島　㉔弁財天祠　㉕竹生島　㉖鳴門　㉗内庭　㉘正門（東門）　㉙寝覚滝　㉚木曽川　㉛白雲嶺　㉜紅葉林　㉝徳大寺石　㉞竜田川　㉟西行堂跡

つくられた。当時、全国の大名は三百近くおり、そのそれぞれが三つ以上の屋敷を持ち、それぞれに庭園が設けられるゆえ、単純計算でも、千を超えることになる。このように、江戸は膨大な庭園のひしめく都市であり、これを川添登氏は「庭園モザイック都市」と述べている（『東京の原風景』）。

今日も東京には、小石川後楽園や六義園《りくぎえん》をはじめ、大名庭園が公開の庭園として継承されている。現在の都内の緑地のなかには、大名庭園由来のものが多い。ホテルニューオータニや椿山荘《ちんざんそう》といったホテルに付随する庭園、あるいは六本木にある檜町《ひのきちょう》公園や早稲田にある戸山公園なども、それぞれ彦根藩・井伊家の中屋敷、上総久留里《かずさくるり》藩・墨田豊前守《ぶぜんのかみ》の下屋敷、萩藩・毛利家の下屋敷、尾張徳川家の下屋敷といった大名屋敷の庭園をもととしている。

また、大名庭園は各大名の国許でもつくられた。今日も有名なものとしては、岡山・後楽園や金沢・兼六園、高松・栗林公園などがある。

近代

近代以降の日本庭園については、ごく代表的な例を取り上げるにとどめる。明治維新後、右に述べたような大名庭園の多くは危機的な状況に陥った。膨大な数の庭園は桑畑にされたり、取り壊され、開発された。今日残っている庭園は、いずれも奇跡的に破壊を免れたもの

無鄰菴（京都市左京区）　作庭：七代目・小川治兵衛

と言っても過言ではない。

伝統的な作庭法が日本各地に根付くなかで、近代以前の庭園史に見られたような、新しい日本庭園の様式の誕生、あるいはパラダイム・シフトはきわめて稀であった。その貴重な例が、七代目・小川治兵衛《じへえ》（一八六〇―一九三三）通称「植治《うえじ》」と重森三玲（一八九六―一九七五）である。

小川治兵衛の庭園は、京都南禅寺界隈に点在する旧財閥系の豪邸に多く見られ、これらの多くは非公開のものである。しかし、そのなかでも無鄰菴《むりんあん》は、第三代および九代・内閣総理大臣もつとめた山縣有朋の元別邸で、今日は京都市所有のものとして一般に公開されている。その庭園に見て取れるように、植治の庭は、それまでの作庭のルールに則った象徴主義的表現から

東福寺（京都市東山区）本坊庭園　作庭：重森三玲

解放され、自然そのものを見せることに重きを置いている。後に述べるように、伝統的な作庭の手法では、石が立てられ、池は海に見立てられた。ところが、ここでは石は伏せられ、水はただ清々しく流されるだけである。

　一方、重森三玲は、その名がフランスの画家ミレーにちなむことに象徴されているように、日本庭園を西洋的な意味での「芸術作品」に高めようとした。重森はとくに枯山水庭園を重視し、京都・東福寺の方丈庭園を皮切りに、多くの枯山水を各地に残している。なかには岸和田城庭園「八陣の庭」のように、枯山水の手法を型破りに拡張した「奇抜」とも言えるほどの作例も見られる。

　もう一つ、重森について注目されるのは、『日本庭園史図鑑』全二十六巻（一九三六―三九）や、先に触れた『日本庭園史大系』全三十五巻という全国の日本庭園の網羅的な調査研究である。これについては次章で改めて触れるが、右のような重森の先進的な活動は、こうした徹底的な日本庭園研究を経た上でのものであった。

日本庭園の基本コンセプト

以上、日本庭園史の流れを大まかに追ってみた。

留意しておきたいのは、各時代につくられた庭は、当然ながらそのままのかたちを保ってきたわけではない点である。本書の主旨の一つは、日本庭園を常に変化し続けるものとして捉えることにある。たとえ現存する庭であっても、それは長い年月のなかでさまざまな変化を経て今日の姿を有しているに過ぎない。その変遷をめぐっては、発掘調査や古い資料からさまざまに研究されてきているが、そこで分かることはわずかに過ぎない。

ところで、先にも述べたように、時代とともにさまざまな様式を生み出しながら発展してきた日本庭園には、いくつか共通する要素を見出すことができる。

まず第一に、日本庭園が、石、それも加工されていない自然石を骨格としていることである。確かに日本庭園においては、石灯籠や延段《のべだん》など、加工された石も用いられる。が、庭園を基本的に構成するのは加工されていない自然石である。この手法自体に、すでに日本庭園の思想があらわれている。石はこの世に無数に存在する。しかも、そのなかには二つとして同じものはない。たとえば、それを加工するならば、すべて同じ直方体のかたちに整形して並べる、といったこともあり得るだろうが、日本庭園の場合、一つ一つ異なる自然石をそのまま用いて構成される。

第二にあげられるのは、水である。古代の庭園から江戸時代の庭園にいたるまで、そこには必ず水が引き込まれ、池がつくられた。しばしば、西洋の庭園は水を重力に逆らって噴出させることで噴水をつくるが、日本の庭園では重力に従って水を流す、と対比的に語られることがある。たとえば、山崎正和「水の東西」にはそのことが書かれており（『混沌からの表現』）、教科書などで触れたことのある方も多いだろう。さらにはその池には中島がつくられ、橋がかけられることもあった。ただ、先にも述べたように、枯山水庭園だけは、水をコンセプトに掲げるものの水自体は用いず、白砂を大々的に用いるという特殊な作庭法であった。

こうして、石と水という、不動のものと動き続けるものの一対によってつくられる日本庭園の基本構造に、木々や草花が生え、鳥や虫が集う。このようにして構成される日本庭園は、基本的に自然の風景を模したもの、もっと言えば、山や川、海、島といった自然の風景をミニチュア化したものと位置付けられる。そこは人工的な空間だが、あくまで自然的な風景がつくられている。

こうした日本庭園の自然にまつわる思想については、驚くほど早くから明文化されている。日本庭園史において最重要資料の一つが『作庭記』である。その名の通り、庭づくりのメソッドが記された書物である。その成立についてもいろいろな説があるが、大方、橘俊綱《たちばなのとしつな》（一〇二八—九四）に編まれたことが認められている。これは日本最古どころか、世界最古の作庭書とも言われている。

『作庭記』冒頭の第一項には、日本庭園の基本理念が的確に記されている。


石をたてん事、まづ大旨をこゝろふべき也。
一、地形により、池のすがたにしたがひて、よりくる所々に、風情《ふぜい》をめぐらして、生得《しやうとく》の山水《さんすい》をおもはへて、その所々はさこそありしかと、おもひよせ〳〵たつべきなり。
一、むかしの上手のたてをきたるありさまをあととして、家主《やぬし》の意趣を心にかけて、我《わが》風情をめぐらして、してたつべき也。
一、国々《くにぐに》の名所《めいしょ》をおもひめぐらして、おもしろき所々を、わがものになして、おほすがたを、そのところになずらへて、やはらげたつべき也。

（『作庭記』第一項）

右のように、『作庭記』では「庭づくり＝石を立てる」ということが前提となっている。以後、さまざまな庭づくりのメソッドが説かれるが、それらはすべて、どのように石を立てるか、という視点を軸として進められてゆく。

ここに書かれているのは、ある種の文脈主義であり、また、個別対応主義である。まず一点目では、石を立てるにあたっては、地形、池の形状に従いながら風情を与え、「生得の山水」つまり自然の風景を思い浮かべ、「そこはこうこうだったな」と思い合わせながら石を立てなければならないと書かれている。「よりくる所々に」の解釈は難しいが、その地理的条件から想像が湧いてくることを指しているように思われる。

二点目では、優れた先例に倣いながら、クライアントの意向、そして作庭者の趣きを加えることが説かれている。

三点目では「国々の名所」という語が見られる。これは一点目の「生得の山水」とも重なる言葉であるが、「名所」は和歌文学に関わる重要キーワードである。

和歌の世界では、さまざまな土地が詠まれる。塩竈浦《しおがまのうら》、天橋立《あまのはしだて》、住吉浜《すみよしのはま》などである。歌人たちは、古くはこうしたすぐれた風景を目にして和歌に詠んだが、平安時代には、そうした土地を実際に訪れずにその土地を和歌に詠むことが多くなる。先人の和歌の蓄積、あるいは倭絵《やまとえ》などの絵画によって遠方の風景を享受し、それを和歌に詠んだのである。そうした和歌の世界で形成されていった土地のイメージが、やがて「名所」あるいは「歌枕」と呼ばれるようになった。当然ながら、それは、現実の風景とは乖離《かいり》してゆく。

右の三点目では、そうした国中の「名所」に思いをめぐらしながら、その風景の面白いところを自分のものにして、その大方の姿を作庭現場になぞらえ、しかもそれをやわらげるようにして、石を立てなければならないと記されている。実に微妙なニュアンスと言えよう。要するに、国内の実在の景勝地を参照するとはいえ、実際はかなりデフォルメした上で用いるということである。日本の絵画、なかでも倭絵は、名所をはじめ具体的な土地をモティーフとしたものであっても、写実的に描かれるわけではない。庭園においても同様で、かたち、スケール、位置関係ほか、現実の風景とはかなり異なるものである。しかし、それらを通して、遠くにある風景を想像する。いわゆる「見立ての手法」（磯崎新）である。

こうした名所をモティーフとした庭園の嚆矢《こうし》が、嵯峨天皇の第十二皇子であった源融《みなもとのとおる》（八二二―九五）による河原院である。今日も京都市下京区に塩竈町・本塩竈町といった地名が残るのはその名残りである。その庭園は、鴨川から水を引き入れ、陸奥国・塩竈浦を模していたと言われており、貴人たちが集う文化サロンのような場だった（『伊勢物語』第八十一段）。後世の拡大された説話では、融は、毎日海水を運び込ませて池に湛《たた》え、そこに海の魚や貝を棲まわせていたという（『今昔物語集』巻第二十四・第四十六など）。

日本庭園という「舞台」と「上演」

このように日本庭園は、自然の風景をモデルとしつつ、それぞれの場所の条件と個別の素材を用いてつくられてきた。それゆえ、原理的に、同じ庭園が生まれることはない。そうした個々の庭園が、これまで無数につくられてきた。それらのうち、すでに失われてしまったものも膨大にあるが、今日まで継承されてきたものも相当数存在する。

本章では、これから日本庭園を構成する要素を順に取り上げてゆく。具体的には、石、水、中島、山、植物、建築、天体の運行、気象現象、音である。これらは必ずしもそれぞれ同一のレベルのカテゴリーではない。庭園を構成する物質、庭園が表象しようとするもの、そして、外部から庭園に作用を及ぼすものなどである。それゆえ、日本庭園をキーワードごとに論じてゆくと言い換えた方が良いかもしれない。

本書が目指しているのは、庭園を静的なものとしてではなく、常に動き続けているものとして捉えることである。（「動いている庭」という言葉は、フランスの庭師・哲学者ジル・クレマン氏の主著タイトル *Le jardin en mouvement*（一九九一）の山内朋樹氏による名訳である。）庭園は常に動き続ける。樹木はゆっくりと成長し、草は一年のなかで青々しくなっては枯れてゆき、花もある時期に咲いては散ってゆく。また、水は流れ、風によって木々や草花は揺れ、そこに時に鳥が訪れては飛び去ってゆく。庭園では、常にさまざまな現象が「上演」されている。人はそこを訪れるとき、その「上演」に立ち会う。「上演」は「パフォーマンス」と言い換えても良い。もちろん、そうした「上演」が可能になるために「舞台装置」として、石や木々が設置され、水が引き入れられ、池が掘られた。

日本庭園を扱ったこれまでの書籍は、総じて、庭園の「舞台装置」としての側面ばかりを取り上げ、そこで常に繰り広げられている「上演」そのものに目を向けることがおろそかにしていたのではないだろうか。もし庭園が舞台芸術になぞらえられるならば、その「舞台装置」ばかりを取り上げて、「上演」そのものを重視しないのは本末転倒ではないだろうか。むしろ、その「上演」が最終目的であることを踏まえてこそ、言わば日本庭園の「ドラマトゥルギー」として、日本庭園が依拠する思想、コンセプトが露わになってくるのではないか。

石や築山《つきやま》は言ってみれば「舞台」そのもの、その舞台芸術のインフラであり、また、「大道具」あるいは「舞台美術」になぞらえられるかもしれない。木々もそうだろう。草花は「小道具」だろうか。太陽や月は「照明」である。建築は言うなれば「客席」である。音はそのまま「音響効果」となる。「役者」は、鳥や虫、そして人間である。

もっとも、ここで「上演」と「舞台装置」は必ずしも明確に二分できるわけではない。たとえば庭を流れる水は、「舞台」を構成する要素とも捉えられるし、また、水自身がパフォーマンスを行っているとも捉えられる。庭を構成する要素がそうした両義性を有していることも、庭の奥深さを象徴しているのかもしれない。

これから取り上げてゆく、日本庭園を構成する要素ないしキーワードは、大方、「舞台」から「上演」へ、時間変化を比較的被らないものから比較的被るものへ、という順になっている。まずは石である。

石

先に見たように、『作庭記』では「庭づくり＝石を立てる」が前提となっている。こうした、石を中心とした作庭思想の背景には、先にも述べた、磐座や磐境といった信仰の対象としての岩石がある。有名なものは、奈良県桜井市の大神《おおみわ》神社の三輪山《みわやま》にある磐座である。

岩石というものは、古来、信仰の対象となった。そのような事例は、国内どころか、世界に無数に存在する。岩石は非常に堅く、その形状を変えるには大きな力を要する。また、それが大きければ大きいほど、移動させることは困難になる。それゆえ、古来、岩石は、おのずと永遠性や何らかの超越的存在へ思いをはせるきっかけとなった。身近な例であれば、日本国歌の歌詞を思い出しても良いだろう。これはもともと「わが君は千代に八千代に細《さざ》れ石の巌《いはほ》と成りて苔のむすまで」（『古今和歌集』巻第七「賀歌」）という、小さな石が岩に成長し苔がむす奇跡を詠む和歌に基づくが、こうした和歌は、主君の長寿を祈るものであった。そういった、信仰の対象ともなりうる石によって庭園は構成される。それは自然石であるため、素材探しも大変である。

庭園において、石は山のようにも見えるだろう。白砂の中に置かれた石ならば、それ自体が島のようにも見えるかもしれない。ものによっては「舟石」や「亀石」などと呼ばれ、船や亀に形状が類似しているものもある。庭園の石は、そのときどきによって、いろいろなものに見える。先にも述べた「見立ての手法」である。

『作庭記』では、そういった石を「立てる」と記されている。要するに、素材は自然石であり加工はしないが、そこに「立てる」という人為を加える。自然界では寝ていた石を、掘った地面に設置することで、あえて立たせる。

「立つ」ということは、単に物理的に直立すること以上の意味があった。たとえば柳田國男は、立つということは神霊があらわれることだと述べている（「霊出現の地」）。神社の祭礼における「柱立て」などを思い起こしても良い。古来、何かを立てたとき、それが依代《よりしろ》（折口信夫）となり、神霊が宿ると信じられてきた。庭石を「立てる」ことの根底には同様の意味合いがあった。

もちろん、すべての石が立てられるわけではない。『作庭記』第五項に「すべて石は、立《たつ》る事はすくなく、臥《ふせ》ることはおほし。しかれども石ぶせとはいはざるか。」とあるように、実際は立てる石よりも、むしろ伏せる石の方が多い。しかし、「石伏せ」とは言わず、「石立て」と言う。あくまで優位にあるのは後者である。

興味深いのは、石を立てるにあたって、石どうし、さらには作庭者との対話的な関係が構築されることである。驚くべきことに、そのこともまた、『作庭記』の「立石口伝《たていしくでん》」のなかに明記されている。

石をたてんには、まづおも石のかどあるをひとつ立おゝせて、次々のいしをば、その石のこはんにしたがひて立べき也。

（『作庭記』第二十二項）

石を立てるにあたっては、まず、「かど」のある主石を立てる。「かど」とは文字通りに尖っているということだけでなく、才能や趣きも意味する。そして、その主石の「こはんにしたがひて」、他の石を立ててゆかなくてはならないという。

この「こはん」については、今日は「乞はん」と解釈することが定説化している。すなわち、主石が求めているのに従って、ほかの石を立てなければならないという意味である。ここに、石のアニミズムを見てとることもできるだろう。石が石を求めているという状況。石を立てるにあたって、作庭者はその状況を理解し、石の意志を摑まなければならない。そうした石たちの対話的な関係によって、最終的に、石による立体的な星座、すなわち石組が成立する。

先にも述べたように、石は基本的にその形状を保ち続ける。石組は、まさに庭園の骨格として、その形状、位置関係を保ち続ける。少々大仰な言い方をするならば、石組は時間を超越する。この点は、日本庭園の各時代の様式を一貫して共通するところである。

海の表象

日本庭園の骨格は石組であると述べた。では、それによって何が表現されるのか。しばしば、日本庭園は理想の風景をうつしていると言われる。理想の風景とは『作庭記』の言葉を借りれば、「生得の山水」「国々の名所」といった自然の風景である。平安時代においては、具体的には陸奥国・塩竈浦や丹後国・天橋立であった。

ここで注目したいのは、水辺の風景である。先にも述べたように、日本の庭園には必ず水が引き込まれ、池がつくられる。

なぜ、そうまでして池がつくられたのか。川から水を引いて、それを池に溜めるには多くの労力を要する。ここにはもちろん実用的な機能があった。日本庭園が発達した京都は、盆地ゆえ夏は高温多湿であるため、少しでも涼を得る機能が必要だった。また、そこに水そのものの美が求められたことも大きいだろう。池や水流そのものは絶えず人を魅了する。大きな池のある庭園の場合、その水面に周囲の風景が反映することも、一つの見どころであろう。強めの風が吹いたとき、水面に漣《さざなみ》が起こる現象も人を魅了する点である。庭園の池は、言わば、常設の鏡、あるいは画面としてさまざまな様相を見せてくれる。

このように日本庭園の池の役割は、さまざまに数えることができる。が、その根底にあるのは、海を表象することである。

先に述べた源融の河原院も、陸奥国・塩竈浦という海辺の風景を模したものであった。それゆえ、その池は、塩竈浦の海のイメージにつながっている。あるいは、同じく平安時代の大中臣輔親《おおなかとみのすけちか》（九五四―一〇三八）という歌人は、天橋立を模した庭園を有していたと言われている（『十訓抄』七ノ三十）。天橋立もまた海辺の景勝地である。

『作庭記』第六項においても、「石を立てる」ことの大きな分類について、

石をたつるにはやうやうあるべし

大海のやう、大河のやう、山河のやう、沼池のやう、葦手《あしで》のやう等なり

とあり、第一に、大海の様があげられている。あるいは、第九項「池河のみぎはの様々をいふ事」では、

池のいしは海をまなぶ事なれば、かならずいはねなみがへしのいしをたつべし。

という一節が見られる。こうした事例からも、庭園の池は、海のイメージにつながっていたことが窺える。後にも見るように、ここでしばしば船遊びが行われたが、こうした行為も、航海を真似た遊びと捉えられよう。

海の表象の問題は日本文化において重要なものである。日本国とは、海に囲まれた島国である。それゆえ、海ないし海辺がこの国に与えている影響は多方面に及ぶ。文化の面に関すれば、庭園のみならず、文芸や絵画など、さまざまな場面で、海や海辺は重要なトポスとなっている。右に天橋立について言及したが、今日「日本三景」と言われる景勝地は、天橋立のほか、宮城県の松島と広島県の宮島（厳島《いつくしま》）であり、いずれも海辺の風景であることは象徴的である。

日本にとって海や海辺とは何か、という大きな問いについて、ここで深入りすることはできない。その問いへの一つの回答の試みとして拙著『洲浜論』をお読みいただければ幸いである。海と陸の境界である海辺。そこは、生と死、人と神、男性と女性、この世とあの世、敵と味方など、さまざまな二項がせめぎ合う場所であった。

人間どころか、生命の歴史をさかのぼれば、海というものはすべての生命の源である。人間のスパンで考えるならば、今日「日本」と呼ばれる島々を拠点とする人々のルーツは、海の彼方であった。人は海辺にいるとき、さまざまなことに思いをめぐらす。そこでノスタルジーのようなものを感じることも多いだろう。海の水平線は我々に、物理的にも精神的にもはるか遠い何かを感じさせる。

一つの指標となるのが、日本の古代信仰と言われる常世《とこよ》思想である。すなわち、海の彼方に常世国《とこよのくに》という理想郷があるとする思想である。とくに、民俗学者、国文学者など多様な顔を有する折口信夫(一八八七―一九五三)は、この思想を重視し、日本の祭礼の基本構造は、海の彼方の常世国から神霊が、ある一定の時期に訪れて来て人々を祝福し、再び常世国に帰ってゆくことにあると考えた。この一時的に常世国から来訪する神こそ、折口の言う「まれびと」にほかならない。

こうした海の思想が、文化のさまざまな面に影響を及ぼしている。庭園の池もその一例であろう。平城京や平安京は盆地、すなわち陸地の都市で、そこに海はない。そうしたなか、わざわざ川から水を引いてまでして大きな池をこしらえ、海を模した空間をつくらなければならなかったことを強調したい。平安時代には庭園のみならず、屏風絵や障子絵といった絵画、あるいは洲浜台のような海辺のミニチュアが用いられるなど、貴人たちの傍らには、さまざまなかたちで海辺の表象が持ち込まれていた。

洲浜

日本文化における海辺の表象に関して私が追求してきたのが「洲浜」である。洲浜とは、洲が曲線を描きながら出入りする海辺のことを言う。このモティーフが古来、庭園をはじめ絵画や工芸に見られ、また右にも述べた、それをミニチュア化した洲浜台という箱庭のようなものが平安時代には盛んに用いられた。庭園では、奈良時代の庭園遺構から洲浜が多数発見されているが、巣山古墳（奈良県広陵町）などの古墳時代の遺跡にも類似したものが発見されている。

洲浜というモティーフは、吉祥《きっしょう》のニュアンスを持ち、松がセットにされることが多い。それゆえ洲浜とは、四字熟語「白砂青松《はくさせいしょう》」であらわされる海辺と近い。「白砂青松」とは和製漢語であるが、白い砂浜に松が生い茂る風景を指す。今日には「日本の白砂青松１００選」

小石川後楽園 洲浜

というものがあるが、まさしく先に述べた天橋立などはその好例である。時折「白砂青松は日本人の原風景であった」と言われることがあるが（たとえば野本寛一『神と自然の景観論』）、「白砂青松」の系譜をさかのぼると、洲浜にたどり着く。

興味深いのは、洲浜が「日本独自」と言って良いモティーフである点である。庭園や絵画の分野では、洲浜は日本独特のモティーフで、大陸文化圏には見られないと言われてきた。これは、洲浜とは対極的な、ごつごつした岩石があり激しい波風が打ち寄せる海辺のイメージ「荒磯《ありそ》」が大陸文化圏にも見られるのと対照的である。このことは当然ながら、先にも述べた、日本の地理的条件に基づくものである。そして、後に述べるように、洲浜は極楽浄土の表象にも用いられるようになる。

今日現存する江戸時代以降の庭園に洲浜が見られ

京都仙洞御所（京都市上京区）洲浜　提供：宮内庁京都事務所

ることは多い。たとえば、大名庭園の濫觴である小石川後楽園にも、砂利が曲線的に配置された部分が見られる。都内であれば、ほかに芝離宮庭園や旧古河庭園・日本庭園にも見られる。

こうした例の古いものとして桂離宮庭園もあげられるが（22頁掲載の写真右下参照）、なかでも注目されるのは、京都仙洞《せんとう》御所の庭園である。その南池には、長さ約１００ｍ、幅7—12ｍからなる最大規模の洲浜がある。そこでは握り拳ほどの丸石が約十一万一千個敷き詰められているが、これらの石は、京都所司代であった小田原藩主・大久保忠真（一七八二—一八三七）が献上したもので、集めるにあたっては、一つの石を米一升で買い取ったという。それゆえこの洲浜の石は今日「一升石」と呼ばれている。この洲浜は、光格天皇が一八一七年（文化十四）に退位し上皇になったとき、仙洞御所改修に際してつくられたものだという。これほどまでに大規模な洲浜は、後にも先にも見当たらない。

中島

庭園の池に関して、さらに重要なのが中島である。先に、日本庭園には必ず池があると述べたが、もっと言うと、その池には必ず中島という独立した島がある。

こうした構造もまた、かなり古い事例までさかのぼることができる。『日本書紀』六二六年（推古三十四）五月二十日の項には、飛鳥時代の豪族・蘇我馬子（五五一―六二六）の卒去記事が見られるが、そこには次のようなことが記されている。

> 夏五月の戊子《ぼし》の朔《つきたち》にして丁未《ていび》に、大臣《おほおみ》薨《みう》せぬ。（中略）以ちて三宝を恭敬して、飛鳥《あすか》河《がは》の傍《ほとり》に家《いへゐ》せり。乃《すなは》ち庭中《にはのうち》に小　池《ちひさきいけ》を開《ほ》れり。仍《よ》りて小　池《ちひさきいけ》を池の中に興《つ》く。故《かれ》、時人《ときのひと》、島大臣《しまのおほおみ》と曰ふ。
>
> （『日本書紀』巻第二十二「推古天皇」）

すなわち、馬子は飛鳥川のほとりに邸宅を構え、その庭園に小さな池をつくった。そのなかには小島があったため、彼は「島大臣」と呼ばれたという。

今日の庭園ならば、池に島があることは珍しいことではない。もちろん、その作業には大きな労力を要する。右のようなことが記されたのは、やはり当時、そのように池につくられた中島が人々を驚かせるものだったからだろう。むろん、その背景には、馬子の権力の大きさがあった。

この馬子の邸宅は、奈良県明日香村の島庄遺跡にあったものと考えられている。今日もこの辺りは「島庄」と呼ばれており、その名称自体に馬子の「島」の名残りが窺える。（遺跡からは、方形の池も発掘されているが、小島は確認されていない。）馬子以後、この邸宅は天武天皇や草壁皇子《くさかべのみこ》が用い「嶋宮《しまのみや》」と呼ばれた。『万葉集』には草壁皇子の死を悼む歌が収められているが、そのなかには池庭の風景に託して、皇子を偲《しの》んだものが多い。たとえば次のような和歌である。

み立たしの　島の荒磯《ありそ》を　今見れば　生《お》ひざりし草　生ひにけるかも

（『万葉集』巻第二・一八一）

草壁皇子のお気に入りの「島」の荒磯をいま見ると、前は生えていなかった草が生えてしまったことだ。嶋宮の主人がいなくなって、庭園の手入れがされなくなったことをあらわしているのか、あるいは、主人の死からの時間の経過をあらわしているのか、いずれにせよ庭園の変化から、主人の死を偲ぶ和歌となっている。

「島大臣」から「嶋宮」、そして「島庄」という呼称からも、ここで「島」というものがいかにインパクトを持っていたかが窺える。ここには単に馬子の驚異的な権力だけでなく、日本庭園の根幹、あるいは日本文化の根幹に関わる問題があるように思われる。

庭園の島に関して、もう一つ重要なのが蓬萊《ほうらい》信仰である。今日、各所の庭園においても鶴亀蓬萊は定番のモティーフである。「鶴は千年、亀は万年」と言われるように、鶴と亀は長寿を象徴するめでたいモティーフとされた。こうした思想は、古代中国の神仙思想にさかのぼる。

神仙思想とは、不老長寿の人間、すなわち仙人にまつわる思想である。そこでは、山東半島の東方海上に蓬萊・方丈・瀛洲《えいしゅう》の三神山があり、そこに不老不死の薬を有した仙人がいるとされた。日本において盛んに受容されたのは、秦始皇帝（前二五九―前二一〇）のエピソードである。『史記』には、前二一九年（始皇帝二十八）、始皇帝が数千人の童男童女を船に乗せて三神山を探させたと記されている。

その一方で、始皇帝は長安の蘭池宮に渭水《いすい》という川から水を引き池を掘り、そこに蓬萊・瀛洲をつくったという（『史記集解』）。さらに、漢武帝が長安の西方につくらせた大庭園・

上林苑の建章宮にも、泰液池という池に三神山がつくられていたという（『史記』「孝武本紀」）。

つまり、庭園の池に三神山をつくるということは、不老不死の薬を手にすることの代替行為と見なすことができる。それゆえ、三神山をつくることは、やがて権力者の長寿を祈ることにつながるようになった。

今日も定番モティーフである鶴亀蓬莱の起源はここにある。古来、蓬莱山には鶴と亀がセットになることが多かった。とくに、亀は背中に蓬莱山を背負っているとされた（『列子』「湯問」）。ここで強調しておきたいのは、神仙思想のモティーフは何も鶴亀蓬莱だけではなかったにもかかわらず、なぜ鶴亀蓬莱がとりたてて盛んに日本で享受されたかということである。ここには、先に述べた常世思想との関係があると考えられる。蓬莱信仰は、海のどこかに不老不死の薬を持つ仙人の住む理想郷があるという思想であり、構造的には常世思想と近い。

馬子の邸宅にはじまる庭園の中島の系譜に、こうした蓬莱思想がやがて習合していったと思われる。以後、今日にいたるまで、日本庭園において池に中島をつくることが定式化した。今日、日本庭園において蓬莱島や鶴島、亀島は、神仙思想由来のめでたいモティーフだというくらいの認識しかないだろう。しかし、その根底には、海のかなたに理想的な島があるという古代信仰の名残りがある。

「しま」

これまで、とくに説明なしに「庭園」「庭」という言葉を用いてきたが、本書では、基本的に両者をほぼ同義のものとして扱っている。「庭」という語の用例はかなり古く『古事記』(七一二)『日本書紀』(七二〇)などからすでに見られる。第2章でも触れるように、「庭」という語が意味する範囲は広く、「庭園」のみならず、さまざまな活動が行われる場のことを言った。一方「庭園」という言葉の成立は比較的新しく、地誌『雍州府志』(一六八四)に初期の用例が見えるほか、江戸時代の文献には散見されるが、本格的に用いられるようになったのは、次章でも触れる小澤圭次郎による「明治庭園記」(一九一五)以降とされる(小野健吉『岩波 日本庭園辞典』)。そのほか「山水《さんすい》」や「築山」という語が用いられることもあった。

興味深いことに、古くは庭園が「しま」と呼ばれることもあった。『万葉集』には庭園のことを「しま(山斎・之麻・志満)」と記している歌がいくつか見られる。先の草壁皇子を偲んだ和歌もその一例である。こうした用例は、平安時代以後なくなってゆくが、庭園のことが「しま」と呼ばれた理由は、庭園の要が池の中島にあったことによると思われる。

「しま」とは、今日においては水のなかに独立した陸のことを指すとされるが、古くは水に面している陸、今日であれば「半島」と区別されるもののことも言った。それゆえ、かつて庭園が「しま」と呼ばれたのは、そうした水と陸との境界に主眼を置いた呼称とも捉えられるだろう。

「しま」というものは、とくにこの日本国において重要な意味を持っていたように思われる。先にも述べたように、日本国は海に囲まれた島国である。それゆえにと言うべきか、『古事記』や『日本書紀』に記されているように、日本国は古くは「大八島《おほやしま》」や「秋津島《あきづしま》」のように「島」として呼ばれていた。『古事記』『日本書紀』冒頭の国生み神話では、日本国はイザナギ・イザナミの兄妹神が生んだ八つの島ということになっている。「大八島」は「八十《やそ》島《しま》」と言われることもあったが、要するにたくさんの島の集合体ということである。古代において日本国は、島の集合体だと認識されていた。

このことを踏まえた場合、日本庭園がかつて「しま」と呼ばれたこと、あるいは、庭園の池に中島がつくられることが定式化したことの意味がおぼろげながら見えてくる。つまり、庭園とは自国のミニチュアにもなり得たということである。庭園とは、理想的な自然風景がつくられた場である。そして、池の中島は蓬萊山という理想的な島であった。それはどこか遠くにある風景、あるいは架空の風景をもとにしているものの、同時にそれは自分の国として見られ得た。

考えてみれば、今日こそ、自分のいる国がどのような姿であるかは、航空写真やあるいはGoogleマップなどで容易に把握することができるが、そのようなことが可能になったのは割と近年のことである。古代において自分のいる国を把握するためには、山のような見晴らしの良いところに登る必要があった。こうして行われたのが国見《くにみ》である。これも『万葉集』の歌にしばしば見られる。古代において天皇をはじめとする権力者は、山に登って自身の治める国の風景を目にし、「うまし国そ（いい国だなあ）」と歌ったのである。ここには自身の国の様相と権力を確認するだけでなく、自国の繁栄を予祝する意味もあった。

ところがこうした行為は、文明の発展とともに行われなくなった。その代わりに今度は、国々の風景を描いた屛風などのメディアを用いて同等の行為がなされるようになったと私は考えている。庭園もまたその一つであった。庭園をつくること自体がすでに、その主の権力の大きさを示しているわけだが、そこに理想的な風景、島がつくられることは、同時にそれを所有するということも示した。先に触れた源融の河原院などはその好例である。陸奥国の塩竈浦を模したというその庭園には、おそらく塩竈浦をイメージした島がつくられていたのであろう。島を把握するということ、島を所有することは、権力の象徴だった。先の蘇我馬子の「島大臣」という名称にも、同様のニュアンスがあったのではないだろうか。

こうした庭園における理想的な中島の思想は、仏教思想とも結びついた。その代表例が、平安時代後期、一〇五二年（永承七）に建立された平等院である。これは現存する平安時代の建築としてきわめて貴重であるとともに、その庭園も受け継がれている点で稀な例である。

そこでは、池に浮かぶ中島の上に、阿弥陀如来を本尊とする鳳凰堂が建てられ、水上に浮かぶ極楽浄土の如き様相をなしている。平等院は東を向いており、建築の東側に池がある。これによって、人が池越しに伽藍《がらん》に正面に対したとき、それは西を向くことになり、西の海の向こうの島に浮かぶ西方浄土を憧れ見るかたちとなる。ここでは、常世思想における海の彼方の理想の常世国という構造が、そっくり仏教思想に置き換わっている。中島のまわりには、創建当初、宇治川の河原の石を用いた優れた洲浜がつくられていたことが分かっている。

山

石組を骨格としつつ、水が引き込まれ、池がつくられ、中島がつくられる。これが日本庭園の構造的な大枠である。右では日本庭園における海について触れたが、むろん、山も庭園の重要な構成要素である。

先にも触れた「築山」という言葉は、庭のなかに築かれる人工的な山のことを言う。庭のなかの山は、多くの場合、池のために掘った土を盛ることでつくられる。すなわち、海を表象しようとするとき、併せて二次的に山がつくられる。『作庭記』第三項には「山をつき野すぢをそくことは、地形により、池のすがたにしたがふべきなり」という一節があり、山に対して、池の方、すなわち海の表象の方に優先度を置いていることが窺える。

先に触れた常世思想のような、海の向こうに異界があるとする信仰は、水平信仰とも言われる。これに対するのが垂直信仰であり、要するに、天上に異界があるとする信仰である。山とは、天上に接近するものであるため、垂直信仰に深く関わる。石を立てるということも、深くは垂直信仰に通じている。『古事記』『日本書紀』でも、常世思想のような水平信仰が窺える部分もあれば、高天原《たかまがはら》や天孫降臨のように垂直信仰が窺える場面もある。

明確に実証することは難しいものの、しばしば水平信仰の方が、垂直信仰に対して古層にあると言われることがある。先の折口信夫も、まれびとは海の彼方から来るのが本来だが、やがて、山や空から来るかたちに変化していったと度々述べていた（たとえば「鬼の話」）。いささかスケールの異なる視点ではあるが、生命が海から生まれたことは、このこととパラレルである。ところが、時が経つにつれて、水平信仰よりも垂直信仰が、海よりも山の方が優勢になってゆく傾向が各所に見られる。『古事記』『日本書紀』に見られる海幸・山幸の神話においても、海幸の方が兄で山幸が弟だが、最終的に山幸が兄を従えるようになる。どうも、本来、海の方が先行するはずが、後に、山の方が優勢になってくるという傾向はさまざまな場面で見られるようである。

日本の庭においては、山よりも海の方が大きな割合を占めているようである。右の『作庭記』における記述は、わずかに山よりも海の方が主にあることを示しているように思われる。ただ、どうやらそのことに普段、人は気づきにくい。茫漠とした広がりを持つ海のイメージにつながる池よりも、部分的に突き出た山の方が、人は捉えやすいのかもしれない。前者は、無意識的であるのに対して、後者は意識的と言えるだろうか。

山については盛られた土だけでなく、石が山として見られることもあるだろう。海辺の風景に同じく、名所・歌枕の山が園内に配置されることもある。音羽山《おとわやま》や小廬山《しょうろざん》、もちろん富士山がつくられることもある。

ただ、日本庭園の山に関して言えば、園内の山だけでなく、園外の山も構成要素として重要である。いわゆる「借景」である。「借景」とは、園内から見える園外の風景を借りたものである。この言葉自体は中国・明代の作庭書『園冶《えんや》』に由来するが、その手法は古くから行われてきた。京都の庭であれば、比叡山や東山が園内からよく見えるように構成されることは多い。東京の大名庭園であれば、富士見山といった、そこに登って富士山を望むための山があることが多い。庭のなかの山はそれ自体、小さなミニチュアの山だが、時折、園外の本物の山と接続されるのである。

植物

もっとも、今日、日本庭園と言えば、石や水よりも、植物の方がイメージとして大きいかもしれない。一般において、庭園の石がそれほどにも重要だということはあまり意識されていないように思われる。むろん、植物もまた日本庭園にとって不可欠な要素である。

石は、先にも述べたように、大きな恒久性を持つ。それは大きな力を加えなければ、形が変わることも、位置が変わることもない。それは時間を超越するかのように変化しない。一方で、水は常に庭に流れ込み、池に溜まり、また庭の外へ流れ出てゆく。まさしく「ゆく河の流れは絶えずして、しかももとの水にあらず」（『方丈記』）である。庭の水は、つつがなく流れることが理想とされた。そのためにも遣水や池は常に掃除される。庭園の石と水は、生物で言えば、骨と血に相当する。

大地に設置された不動の石と、流動する水。この相対する二要素が、庭園の基本的な枠組みを構成する。庭園に設置する他の要素は、大方この石と水のはざまの位相にある。植物もまたしかりである。

もっとも庭園における植物は、いくつかのレベルに分けられるだろう。古来、日本庭園の定番の樹木と言えば、松である。『作庭記』のなかにもいくつか松についての言及がある。

先にも述べたように、松は「白砂青松」の構成要素でもある。また、松は神仙思想とも関わる。常緑樹であるゆえ、松は永遠性の象徴となった。松とは、植物のなかでもっとも石に近いものと位置付けられるだろう。

苔もまた日本庭園において重要な要素である。(「苔」とは、厳密には、蘚《せん》類・苔類・ツノゴケ類のコケ植物と、菌類と藻類の共生体からなる地衣類などに分けられるが、ここではまとめて「苔」と述べる。)日本国歌の「苔のむすまで」という一節があらわしているように、苔が多くむしていることは膨大な時間の経過を意味する。苔は、その庭園の古さを演出するのに大きな役割を果たしていると言えよう。

日本庭園にまつわる苔に関して特筆すべきは、先に触れた西芳寺、通称・苔寺である。西芳寺の庭園は、大きく上段のものと下段のものの二つから構成されている。先に触れた夢窓疎石作庭と伝えられる枯山水があるのは前者であり、後者は黄金池を中心とした池泉庭園となっている。後者の庭は、現在、約百二十種の苔に覆われており、まさに苔のカーペットを敷き詰めたような様相を呈している。

苔寺を訪れるとにわかに体感するが、ここは非常に湿度が高い。さぞ苔が生育しやすいのだろうと身をもって感じることができる。興味深いのは、この苔寺が、意図的につくられたものではないことである。時間が経つとともに、その環境条件によって思いのほか苔が生育

西芳寺 苔寺（京都市西京区）

したのである。庭園が作庭者の意図を超えた好例と言える。

一方、庭のなかには、松や苔よりも、もっと四季に応じた変化を見せる木々や草花も見られる。

冬の時期、こう言って良ければ、庭園は見た目としてはもっとも渋い。もちろん、雪によって白一面となった庭の美しさにまさるものはない。しかし、木々の葉はほとんど落ち、めったに花が咲くこともなく、芝生も枯れた茶系の色となる。木々はほぼ丸裸になることによって、その奥が見通せるようになり、ずいぶんと庭園の風景の印象は変わる。庭園そのものの有する容積がもっとも萎縮し、色彩のレンジが最小になるのが冬である。

しかし、春になると再び植物は芽吹きはじめ、新しい葉を身につけ、花が咲きはじめる。今日であれば、やはり梅、桜が見どころとなるだろう。こうして庭園は再び容積を増やしてゆき、色彩もまた豊かになる。

そして、夏になれば庭園の容積は最大になる。木々は瑞々しい緑の葉に満たされ、芝生も青々となる。

ところが、秋になるとまた植物による庭園の容積は再び小さくなってゆく。少しずつ葉の色が変わり、ところどころ落ちてゆくようになる。庭園の手入れにとってはとくに大変な時期である。そして、植物たちは燃え上がるような紅葉に満ちてゆき最期の輝きを見せるが、それも再び落葉し、また冬の庭園になる。

こうした四季の循環が庭園のなかで毎年繰り返されてゆく。石という時間変化を全くと言って良いほど持たないものと、刻一刻と流れてゆく水のはざまで、毎年、こうした植物たちのパフォーマンスが繰り返されるのが日本庭園である。しかし、それは当然ながら、同一の循環ではない。毎年、大方類似した循環で変化しながらも、その年ごとに開花時期が異なるほか、一つ一つの植物は成長し、ものによっては枯死してしまう。また風や虫、鳥などを経由していつの間にか、そこに思いがけず新たな植物が加わることもある。木々の変化は、庭園の風景に大きな影響を及ぼす。それなりの時間が経過した庭園の場合、木々そのものの成長の変化は著しい。それによって、かつては園外の風景が見えたものが、今日は木々の成長によって閉ざされた庭となった事例はしばしば見られる。龍安寺石庭などもその一例である。

現在、縁側から石庭に目を向けたとき庭園の外の風景は見えないが、かつては京都の山々を見渡すことのできる借景の庭だったと言われている。毎年の循環的変化は、同一の円環を描き続けるというより、螺旋《らせん》的に拡大してゆくものと捉えられる。

建築

さて、これで日本庭園の大方の姿が描けてきた。日本庭園を構成する要素としては、あと何があるだろうか。

一つは建築である。忘れてはならないが、庭とは、本来的には建築に付随するものである。建築物が建てられるとき、場合によって――つまり空間、財力など種々の条件によって――その周囲に庭園がつくられる。

庭園と建築という一組。このことはしばしば忘れられがちである。寺院の庭園の場合、庭は伽藍建築のすぐ傍らにあることが多いため、その一体感は如実である。茶庭にしても、やはりそれは茶室へのアプローチということで接続している。

ところが、奈良時代の庭園どころか、平安時代の寝殿造庭園で現存するものはない。平安時代の京都の庭園で建築とともに現存しているのは、先の平等院くらいである。

江戸時代以降の池泉回遊式庭園で建築が庭園とともに現存するのは桂離宮くらいで、そのほかの場合、建築は失われているか、後世に建てられたものである。都内の大名庭園にはあずまやや茶室、そのほか一般市民も利用できる家屋などがある場合もあるが、これらは基本的に近代以降に建てられたものばかりである。先に述べたように、大名庭園とはそもそも大名屋敷に付随した庭園であった。しかし、いま我々が訪れることができるのはその庭園だけである。人はそこを歩き、江戸時代の雰囲気を味わうことができるが、本来、どこに建築物があったのか、建築物と庭園はどのような対応関係にあったのかということは、なかなか把握し難い。

　庭園と建築の関係とは不思議なものである。右に述べたように、基本的に庭園は建築に付随してつくられる。それゆえ、一見すると建築が主で、庭園は副、いわば贅沢品、装飾であり、建築が庭園に先行しているように思われる。しかし、どうやら大きなスパンでは、時が経つとともに両者の関係は逆転するらしい。建築史家・鈴木博之氏の著作『庭師小川治兵衛とその時代』（二〇一三）には「庭は建物より長生きするのかもしれない」という一文が見られる。

　これは、現在、六本木にある国際文化会館について氏が論じるなかでの一節である。この土地には、江戸時代、多度津《たどつ》藩主・京極壱岐守《いきのかみ》の大名屋敷があった。ところが、明治時代になると井上馨の所有するところとなった。このように、大名屋敷・庭園が、明治になってか

国際文化会館（東京都港区）撮影：木下悠

ら新興の権力者、実業家の手に渡る例は多い。やがて、ここは久邇宮《くにのみや》邸、赤星鉄馬邸にもなるが、一九二九年（昭和四）、三菱財閥四代目総帥であった岩崎小彌太《こやた》（一八七九―一九四五）の鳥居坂本邸となる。そのとき建築は大江新太郎、庭園は小川治兵衛が担った。ところがこの本邸は、一九四五年五月の東京大空襲で焼失する。残されたのは、土蔵数棟と庭園のみだったという。やがて戦後、前川國男、坂倉準三、吉村順三の共同設計による国際文化会館が開館する。さらに、一九七六年には、前川の設計によって、旧館の改修と新館の増築が竣工する。

これが今日、我々が訪れることのできる国際文化会館の成り立ちの大枠である。今日では結婚式や講演会に用いられており、景色の良いティー・ラウンジやレストランもある。その庭園は、右に述べたように、小川治兵衛による都内の作例の貴重なものである。（もう一つ、都内には北区西ヶ原にある旧古河庭園がある）。一見、建物に庭が面していて、ながめられるだけの庭のように思ってしまうが、庭の奥の方に園内をめぐる歩道がある。

おそらく小川治兵衛は、もともとここにあった江戸時代由来の庭園に手を加えるかたちで作庭を行ったのだろう。庭園が変化し続ける傍らで、時代ごとにさまざまな建築が建てられた。岩崎の邸宅がつくられた際、併せて植治が作庭を手がけたわけだが、その建築の方は灰燼《かいじん》に帰し、新たな建築が建てられるも、庭は変化しながら残っている。鈴木氏の言う「庭は建物より長生きするのかもしれない」とは、このことである。言い換えるならば、建築は死ぬが、庭は死なない。

もし、ここに庭園がなかったとしたらどうだろうか。その場合、建築が焼けた場所に、新たな建築が建てられただけだろう。そうすると、人はそこでその新しい建築を体験するだけで、その土地の往古の姿に想像をめぐらすようすがもなくなっていただろう。

大名屋敷・庭園についても、もし庭園がなく、屋敷しかなかったならば、近代になって屋敷が消失し、新たな建築が建てられた場合、もはやその場所の連続性は、所有者の名義によってしか保証されなくなったのではないだろうか。

要するに、庭は、最初は建築に付随して生まれながらも、建築よりもはるかに「長生き」

し、その建築が死したとき、次の建築を媒介する役割を持っている。庭は、ひそかに建築の連続性を保証してくれている。

建築家・磯崎新氏によるラディカルなテーゼ「建築は長い間、庭園の付属物であった」は、このことと通底しているようである。磯崎氏は、「日本人の芸術表現の展開を、その文化的文脈において、もっとも的確に提示しているのは、建築よりもむしろ庭園ではないか」とも述べていた（『見立ての手法』）。

天体の運行

先に、四季による庭園の循環的変化について述べた。こうした循環は、一年だけでなく、一日あるいは一カ月のなかでも見出される。太陽や月の運行との関係である。庭園は野外にあるため、太陽や月の運行の影響を大きく受ける。古来、多くの庭園は南向きにつくられた。つまり、主となる建築から南を向いたときに、庭園が見える構造である。その理由は、それが一日のうちもっともよく太陽に照らされるからである。今日、南向きの部屋が日当たりが良いものとして好まれるのと一緒である。言ってみれば、庭園にとって太陽とは「照明」である。朝、東の方から太陽が出てくるとともに、庭園は少しずつ明るく照らされてゆき、太陽が南中する頃、庭園はもっとも明るく照らされ、今度は少しずつ暗くなってゆく。

庭園が暗くなってゆくと、天然の照明は、月や星に代わられる。月は庭園の秘密に関わる鍵とも言えよう。今日、私たちがふだん訪れることのできる庭園を、夜に体験できることは稀である。しかし、月こそ、画竜点睛のごとく、庭園を構成する要素の最後の一筆にあたるものかもしれない。究極的には庭園は、月をながめるためにある、と。

たとえば、先にも触れた桂離宮庭園。ここは十七世紀の前半、八条宮初代の智仁《としひと》親王（一五七九―一六二九）が最初に造営し、さらにその第一皇子・智忠《としただ》親王（一六一九―六二）が手を加えてゆくことによって現在のような姿になったと言われている。これもまた、当初の建築が保存されている貴重な庭園である。その中心にある建築は、古書院・中書院・新御殿という三つの建物が雁行型に並んだものである。このうちもっとも古いのが古書院であり、またこの建物がもっとも池に迫っている。文字通り、古書院は東南二十九度の方向を向いているが、正面に月見台という幅4m、奥行き2・9mの長方形の台があり、およそ百本の竹が簀の子張りされている。智仁親王や智忠親王らは、ここで月見を楽しんだのである。

この月見台から中秋の名月をながめたならば、どれほど美しいだろうか。建築写真家・二川幸夫による最後の写真集『天上の庭』（二〇一七）には、ここから中秋の名月を撮影した貴重な写真が収められている。桂離宮にはそのほかにも茶屋・月波楼《げっぱろう》や手水鉢・浮月《うきづき》など、細部にわたって月を踏まえた構成がされている。現在、桂離宮がある場所には、もともと藤

桂離宮 月見台　提供：宮内庁京都事務所

原道長の桂別荘があり、『源氏物語』における光源氏の別荘・桂の院のモデルともなった。古くからこの土地は月の名所であったらしい。「月の桂」とは、中国の伝説で、月に生えているとされた五百丈（1500m）もの高さの桂の木のことを言った。

後にも触れるが、こうした庭園の池の楽しみ方は、池に船を浮かべ、船遊びをすることにあった。桂離宮庭園でも、かつては船遊びが行われた。そこから見る月もまた絶品であっただろうし、池に月が反映するのも見どころだっただろう。

もう一つ、月の反映が美しいのは、枯山水庭園に用いられる白砂である。古来、愛唱されてきた白楽天の漢詩に「月平《つきへい》沙《さ》を照らせば夏の夜の霜」という、月に照らされる砂原が夏の夜の霜のようだと詠んだ一節があるが（『和漢朗詠集』ほか）、月夜の白砂もまた同様の神秘的な反射を見せてくれるだろう。これも、今日、なかなか直に体験できないものである。代表的な枯山水庭園の一つである銀閣寺庭園には、銀沙《ぎんしゃ》

銀閣寺（京都府京都市）

灘《だん》という白砂が積み上げられた一帯がある。そして、主たる建築・観音殿（銀閣）と銀沙灘の間には、向《こう》月台《げつだい》という、白砂を円錐状に積み上げた造形が見られる。これらは正確にはいつつくられたか不明だが、いずれにせよ銀閣寺創建の足利義政（一四三六―九〇）の時代ではなく、江戸時代の比較的遅い時期であるらしい。銀沙灘と向月台の用途も不明な点が多いが、いずれにせよそれが月を念頭に置いたものであり、月の反射のためのものであることは間違いなさそうである。月夜にはこの反射によって、観音殿はほのかに照らされるという。

気象現象

気象現象もまた、庭園に種々の趣きを与えてくれる。

風というものは、不定期に、庭園に動きをもたらす。風が吹くとき、木々や草花は揺れる。秋冬の時期であれば、それとともに葉が散って舞うこともある。場合によっては、梅や金木犀《きんもくせい》の香りを運んでくれることもあるだろう。あるいは、大きな風が吹いたとき、池の水面に漣が立つこともある。風は、このように、気まぐれに庭園にアクセントとなるような現象、言わば一時的なダンスをもたらしてくれる。

また、天上の雲は、常に異なる様態を見せながら、庭に降りる日光を調節している。それによって庭の見え方はずいぶんと変わる。

庭を歩くにあたっては、もちろん、晴れているときの方が歩きやすい。対して、雨の日の庭を歩くのは難儀である。しかし、雨は庭に特別な情緒を与えてくれる。

雨が降るときは空も雲に覆われていることが多い。そのため、庭園も比較的どんよりと暗めになる。庭園の石や植物は、雨にさらされたとき、水に濡れることで全体にてかりを帯び、まるでフィルターを介したように、それぞれの事物自体の色彩のコントラストがよりはっきりしてくる。しかし、空間には無数の水滴が降り続けているため、その姿は少々霞む。あるいは、池に雨が降り注ぐときの水の波紋もまた、ながめていて飽きない現象であろう。また、次項のテーマとも関わるが、雨音もまた、いくら聴いていても飽きることのない、庭園に添えられる効果音である。

とりわけ私が偏愛するのは、雨あがりの庭の状態である。ついさっきまで降っていた雨があがったとき、やはり庭園の石や植物は水によって全体がてかり、ところどころ露を提げているが、雨が止むことでより日光に照らされるため、それぞれの事物はほのかな輝きを持つようになる。そのとき、先ほどまで降り続ける無数の水滴によって少々霞んでいた石や植物が、よりくっきりと見えるようになる喜びも生じる。また、雨の間、鳥や虫が隠れていたからか、単に人がそれほどいないからか、あるいは先ほどまでの雨の音が止んだことによる対比からか、雨あがりの庭園は、晴れているときよりも静けさをまとっているようにも思われる。ところどころで雫《しずく》の音が聴こえることもあるだろう。

こうした雨あがりの庭の美を見事に描いているのが清少納言による『枕草子』（一〇〇〇頃）である。次の一節は教科書などでもよく取り上げられるため、読んだ記憶のある方もおられるだろう。

九月ばかり夜《よ》一夜《ひとよ》降り明かしつる雨の、今朝はやみて、朝日いとけざやかにさし出でたるに、前栽《せんざい》の露はこぼるばかり濡れかかりたるも、いとをかし。透垣《すいがい》の羅文《らんもん》、軒の上などはかいたる蜘蛛の巣のこぼれ残りたるに、雨のかかりたるが、白き玉を貫きたるやうなるこそ、いみじうあはれにをかしけれ。

すこし日たけぬれば、萩などの、いと重げなるに、露の落つるに、枝うち動きて、人も手触れぬに、ふと上《かみ》ざまへあがりたるも、いみじうをかし。

（『枕草子』第一二五段）

前栽とは、建物のすぐ前の、草木などが植えられる庭のことである。右には、一晩降り続けた雨が朝に止み、朝日に照らされる庭園の様相が繊細な感覚によって描かれている。前栽の植物が露のこぼれるように濡れている様子、透垣や軒の上にある蜘蛛の巣の糸に水滴が残っている様子、さらには、もっと日が高くなり植物から露の雫が落ちるとき、誰も触れていないのに反動で動く様子である。こうした雨あがりの庭園の状況は、一千年後の今日であっても見ることができる。庭園の露については『枕草子』でほかにも描かれている場面が見られる（第三五・六五・一一五・一三七段）。

もう一つ、庭園に大きな趣きを与えるのは雪である。雪がしきりに降り、庭一面に雪が積もった状態。いわゆる「雪化粧」である。京都や東京の庭園の場合、これは必ずしも毎年見られる景色ではない。そのとき、庭園の多様な色彩はモノクロに近い色彩に切り替わる。庭の雪もまた『枕草子』ではしばしば触れられているところであり、たとえば「めでたきもの（立派なもの）」として、「庭に雪のあつく降りしきたる」とある（『枕草子』第八四段）。

一方、『枕草子』とほぼ同時代の平安王朝最大の物語『源氏物語』の第十帖「賢木《さかき》」には

「月は隈《くま》なきに、雪の光りあひたる庭のありさまも、昔のこと思ひやらるるに」と、光源氏が、満月の夜、庭の雪に月の光が反射している様子をながめ、過去を回想するシーンがある。先に白砂による月光の反射について触れたが、雪においても同様の現象が起こる。白とは、古来、清浄、無、あるいは死などさまざまなものを意味するものであった。雪によって庭がモノクロになるのは、その庭の擬似的な枯山水化と言っても良いかもしれない。

音

これで大方、庭園に関わる要素は網羅されてきたように思われる。あと残っているのは何だろうか。

忘れずに強調しておきたいのは、音という、庭園の聴覚的側面である。庭園とは、決して視覚的要素だけで構成されるものではない。

先に庭園の雨音について述べた。耳を澄ましてみれば、ほかにも庭園ではさまざまな音が聴こえる。

庭園の音と言えば、ししおどしの音を思い起こす方がおられるかもしれない。ししおどしは、添水《そうず》とも呼ばれたが、その名の通りに本来は田畑を荒らす鳥獣を追い払うためのものであった。それが、今日の庭園では純粋にその音を楽しむためのものとなっている。また、もう一つ、水琴窟《すいきんくつ》という、地中に瓶《かめ》を埋め込み、そこに水滴を垂らすことで音を聴く装置を思い浮かべる人もいるだろう。

しかし、こうした楽器のような装置以前に、庭園自体、一つの音源装置となっている。もっとも主たるものとしては、水の音だろう。

水というものは状況によって多様な音を発生させる。庭に水が引き入れられ、池に溜められ、また庭の外へ出てゆくなかでも、さまざまな音が聴こえる。庭を歩いていると、ところどころでせせらぎの音が聴こえる。もっとも大きな音を立てるのは滝であろう。こうした水の音がどう聴こえるかということも、作庭者が意識するところである。庭のなかを歩くとき、水の音はいつの間にか聴こえるようになり、また、いつの間にか聴こえなくなる。滝の音など、ともすれば園内全体に聴こえそうに思えるが、案外、園内の一部分でしか聴こえない。庭を歩きながら、こうした音が聴こえるようになる／聴こえなくなる境界を探るのも一つの楽しみ方であろう。

風もまた木々の音など、庭に効果音をもたらしてくれる。そのほか、鳥のさえずりや虫の音。こと虫の音に関して言えば、あえて園内に虫を放つということも行われた。たとえば、九七七年（貞元二）八月十六日の月見の夜、藤原頼忠（九二四―八九）の邸宅の庭で歌合が行われたとき、次のような演出が施された。

遣水の左右《ひだりみぎ》に前栽植ゑられたり。その中に、黄朽葉《きくちば》の籠《こ》に松虫をいれて、水の西の面《つら》なる岩のかたはらに据ゑ、赤朽葉《あかくちば》の籠に鈴虫をいれて、下の岩の面に据ゑたり。

（「貞元二年八月十六日 三条左大臣頼忠前栽歌合」）


遣水の両岸に秋草を植え「松虫」を入れた籠と「鈴虫」を入れた籠を置いたようである。（この時代の「松虫」と「鈴虫」は現在の逆である。）遣水の汀の石の近くに設置したのは、籠が見えないようにするためだろう。遣水のせせらぎの音とともに秋の虫の鳴き声が聴こえる状況が想像される。実際、この歌合では、水に映る月や虫の音を詠んだ和歌が目立つ。

このように庭園は多様な音に彩られている。庭園とは、複雑なサウンド・インスタレーションでもあった。

日本庭園を「使う」こと

これまでは日本庭園がどのようにつくられているか、何をコンセプトとしてつくられているか、ということを主に見てきた。

では、そのようにつくられた庭園は、どのようにして享受されるのか。

今日、日本庭園というものは「鑑賞するもの」というふうに捉えられているように思われる。美術館や博物館を訪れるのと同じように、歩いて見てまわるものだと。もちろん、その用途は古来あった。しかし、庭とは、そのように一定の距離を持って見たり聴いたりするだけでなく、何よりそこで何らかの行為を行うために「使う」ためのものであった。

もっともその用途はかなり幅広い。

宴の場としての庭園

まず、古来、庭園は、宴を開き、飲食を行うとともに和歌や漢詩を詠み、そして音楽を楽しむ場だった。たとえば、今日の元号「令和」の典拠は、『万葉集』にある「梅花の歌三十二首」という梅の花を詠んだ一連の和歌についての序文であるが、これは七三〇年（天平二）正月十三日に大伴旅人（六六五—七三一）の邸宅で行われた宴に際してのものである。少々長いが、その文を引用する。

天平二年正月十三日に、帥老《そちらう》の宅《いへ》に萃《あつ》まりて、宴会を申《の》べたり。

時に、初春の令月にして、気淑《よ》く風和《やはら》ぐ。梅は鏡前《きやうぜん》の粉《ふん》を抜《ひら》き、蘭は珮後《ばいご》の香を薫《かを》らす。

加以《しかのみにあらず》、曙《あさけ》の嶺《みね》に雲移り、松は羅《うすもの》を掛けて蓋《きぬがさ》を傾《かたぶ》け、夕《ゆふへ》の岫《くき》に霧結び、鳥は縠《うすもの》に封《と》ぢられて林に迷《まと》ふ。庭に新蝶《しんてふ》舞ひ、空には故雁《こがん》帰る。
ここに、天を蓋にし地《つち》に坐《しきゐ》にし、膝を促《ちかづ》け觴《さかづき》を飛ばす。言《こと》を一室の裏《うち》に忘れ、衿《ころものくび》を煙霞《えんか》の外に開く。淡然《たんぜん》に自ら放《ゆる》し、快然《くわいぜん》に自ら足りぬ。
もし翰苑《かんゑん》にあらずは、何を以《もち》てか情《こころ》を攄《の》べむ。請《ねが》はくは落梅《らくばい》の篇を紀《しる》せ、古《いにしへ》と今と夫《そ》れ何か異ならむ。園梅を賦《ふ》して、聊《いささ》かに短詠を成すべし。

何とも風格のある序文である。冒頭では、初春の庭園の風景が描かれている。ここからも、庭園がいかに多様な要素から構成されているかが窺える。やわらかい風、白粉《おしろい》のように白い梅、香りを放つ蘭。山と雲、松、霧、鳥、林、蝶、雁。続いて、野外で宴を行うことの心地良さ、楽しさが記される。「衿を煙霞の外に開く」とは、心を自然に向かって開くという意味である。末尾には、この楽しさを表現するには詩歌こそがふさわしいとして、庭の梅を和歌に詠むことを呼びかけている。これに続き、三十二首の和歌が記されている。そのうち、邸宅の主人である旅人の和歌だけを取り上げよう。

我が園に　梅の花散る　ひさかたの　天《あめ》より雪の　流れ来るかも

狩野永納《蘭亭曲水図屏風》 17世紀後半 （静岡県立美術館蔵）

庭の梅の花が散る様子を、天から落ちる雪に見立てた和歌である。このように、庭園とは宴を行い、和歌や漢詩などさまざまな詩歌が詠まれる場であった。

曲水《きょくすい》の宴《えん》

右の序文は、中国東晋の政治家・王羲之《ぎし》（三〇三―六一）による「蘭亭序」を踏まえたものである。「蘭亭序」とは詩集『蘭亭集』の序文であり、蘭亭とは中国・会稽山《かいけいざん》（現・浙江省紹興市）の麓にあったあずまやである。三五三年（中国暦永和九）三月三日、王羲之を中心とする四十二名の人士がそこに集い、曲水の宴が行われた。そのときの詩をまとめたものが『蘭亭集』である。この序文は、書道の分野における最重要の資料でもある。

曲水の宴とは、曲がりながら流れる水に盃を浮かべて流す宴である。蘭亭での右の宴はしばしば画題にもされ、日本にも《蘭亭曲水図》が伝わっている。まさしく、庭園を駆使した宴の姿がそこには描かれている。曲水の宴は、日本にも取り入れられ、文献の上では四八五年（顕宗天皇元）三月三日に行われたことが見える（『日本書紀』）。曲水の宴は、長らく途絶えていたが、戦後、復元され、今日も太宰府天満宮（福岡県）や上賀茂神社（京都市）などで行われるほか、毛越寺《もうつうじ》庭園（岩手県平泉町）や仙巌園（鹿児島市）でも行われている。もっとも、今日では、その開催日はそれぞれであるが、右のように、本来、曲水の宴は三月三日に行われるものであった。その起源については不明な点が多いものの、上巳《じょうし》の祓《はらえ》という、三月初旬に水辺で行われた祓と関係があるようである。庭園を流れる水が、本来、祓の意義もあったことを窺わせる事例である。

とは言え、右に記したような例は、まだ今日においても想定される範囲内であろう。和歌に限らず、今日も庭園で俳句を詠む吟行はしばしば行われており、人々が園内で絵を描いているのもよく見られる。曲水の宴についても、各地で行われている。しかし、歴史を紐解くと、より庭園全体を活用したパフォーマンスがあった。それが船楽《ふながく》であった。

船楽

船楽とは文字通りに船で音楽すなわち雅楽の演奏を行うことである。船楽では、龍頭鷁首《りょうとうげきしゅ》

《駒競行幸絵巻》鎌倉時代末期　（和泉市久保惣記念美術館蔵）
和泉市久保惣記念美術館デジタルミュージアムより

と呼ばれる、龍と鷁（想像上の鳥）がそれぞれ船首につくられた一対の船が用いられた。これを庭園の池に浮かべ、そこに楽人が乗り、池を移動しながら演奏する。『源氏物語』や『栄花物語』にもその例を見ることができる。当時の船楽を想像するのに有益なのが《駒競行幸《こまくらべぎょうこう》絵巻》である。ここには、一〇二四年（万寿元）九月十九日、藤原頼通の邸宅・高《か》陽院《やのいん》で行われた駒競（今日で言うところの競馬）に後一条天皇（一〇〇八―三六）の行幸があったときの船楽の図が見られる。もちろん、これは後世に描かれたものである。ここで右下に見えるのが龍頭の船で、左下に見えるのが鷁首の船である。それぞれ四人の船差《ふなさし》が棹で船を動かし、龍頭の船では三人の楽人がそれぞれ笙《しょう》・篳篥《ひちりき》・太鼓を、鷁首の船では四人の楽人が龍笛《りゅうてき》・篳篥・太鼓・鉦鼓《しょうこ》を演奏している。中央下に見えるのは池の中島である。中島には楽屋が設けられており、そのほか大太鼓《だたいこ》、鉦鼓が置かれるほか、鉾が立てられている。

上部に見えるのは高陽院の主屋、すなわち寝殿である。奥に見える黒い机のようなものが、後一条天皇が座す大床子《しょうじ》である。その右下に見えるのは東宮、つまり後一条天皇の弟・敦良《あつなが》親王（一〇〇九―四五、後の後朱雀《ごすざく》天皇）である。その下に居並ぶのは公卿《くぎょう》・殿上人《てんじょうびと》たちである。

寝殿と池の間には、松のほか紅葉、白菊が生えている。見えにくいが、汀には鶴と亀の作り物が置かれている。また、池の水面には紅葉の葉が多数浮かんでいる。単に落葉したのではなく、装飾演出として紅葉を散りばめているように思われる。反橋《そりばし》の傍らに描かれた丸いものは、池に映った満月だろう。

この絵からも、船楽が庭園全体を活かしたパフォーマンスだったことが窺える。

船楽というパフォーマンスそのものの様子をより知ることができるのが『紫式部日記』である。ここには、右の行幸よりさかのぼる一〇〇八年（寛弘五）年十月十六日に一条天皇（九八〇―一〇一一）が藤原道長の邸宅・土御門殿《つちみかどどの》に行幸した際の記述が見られる。

暮れゆくままに、楽《がく》どもいとおもしろし。上達部《かんだちめ》、御前にさぶらひたまふ。万歳楽《まんざいらく》、太《たい》平楽《へいらく》、賀殿《かてん》などいふ舞ども、長慶子《ちやうげいし》を退出音声《まかでおんじやう》に遊びて、山のさきの道をまふほど、遠くなりゆくままに、笛のねも、鼓《つづみ》のおとも、松風《まつかぜ》も、木深《こぶか》く吹きあはせていとおもしろし。

（『紫式部日記』）

《万歳楽》《太平楽》《賀殿》《長慶子》はいずれも雅楽の楽曲名である。「退出音声」とは文字通り、退場のときに演奏する曲のことである。右には、音楽を演奏する船が、音とともに池の遠くに退場してゆく様子が描かれている。「山」とは中島の山のことだろう。退場にともなって楽人が演奏する笛や鼓の音が遠くなり小さくなってゆくが、それが「松風」と吹き合わせて非常に趣きがあると記されている。

「松風」とは、文字通りには松に吹く風であるが、古来、その音は、何よりも美しい理想の音とされた。右では、庭で聴こえる「松風」の音が、遠くなってゆく笛と鼓の音と交じり合うことを褒めたたえている。

「東洋と西洋」と図式化したとき、西洋では虫の音などの自然音をノイズと見なし楽音と区別するのに対して、東洋ではその区別をしない、とはよく言われることである。紫式部が書いたと言われる『源氏物語』においても、人工音が松風と「合ふ」という記述が多く見られる（拙論「洲浜の音」『洲浜論』）。

先に、庭園は複雑なサウンド・インスタレーションだと述べた。それは、そのままでも鑑賞に値するがさらにその先には、このようにそこで音楽を演奏するとき、自然音と調和させることがねらわれていたと思われる。

庭園の最終目的としてのパフォーマンス

本章では先に、庭園という「舞台」では常にさまざまな「上演」が繰り広げられていると述べた。一方、庭園とは、このように人々によってパフォーマンスが行われる「舞台」でもあった。そこで行われるパフォーマンスは、視覚的にも、聴覚的にも、庭園と響き合う。このように庭園を「使う」ことこそ、日本庭園の本来の最終用途であり、それが日本庭園の本領の発揮されるときだと私は考えている。

もう一つ、先にも取り上げた浄土式庭園の代表・平等院の例をあげたい。一一一八年（元永元）閏九月二十二日、平等院で十種供養という、華・香・瓔珞《ようらく》・抹香・塗香・焼香・繒蓋《そうがい》・幢幡《どうばん》・衣服・伎楽の十種類をもって諸仏を供養する儀式が行われた。その様子については、『中右記』に次のように記されている。

阿弥陀堂の四角に宝幢《ほうだう》を懸け、仏前の戸中に礼盤《らいばん》を居《す》ゑ、前池に蓮花・水鳥・樹林・洲鶴・砂鴇を作りこれを立つ。或いは桜花、或いは紅葉、水中・岸上已に其の隙なし。東の小御所《こごしょ》は太后幷びに前斎院姫君の御所とす。

（『中右記』）

阿弥陀堂（鳳凰堂）の四隅に宝幢を懸け、本尊・阿弥陀如来の前に礼盤を置き、池には蓮花や水鳥、樹林、鶴やセキレイの作り物を置き、また桜の花や紅葉の葉を隙間なく散らしたという。「東の小御所」とは、阿弥陀堂を池越しにながめるための建物である。そこに太后・藤原寛子（頼通の娘）らがいた。続く記述からは、池上に龍頭鷁首の船が浮かべられ船楽が行われたことも見える。平等院とは極楽浄土を表現した建築・庭園であるわけだが、そこで繰り広げられる右のパフォーマンスとは、まさに極楽浄土そのものの演出であった。我々は今日、平等院自体が極楽浄土が演出された場と考えるが、それは言わば「舞台」の状態である。そこで極楽浄土としての「上演」が行われるのは、右のようなときであった。そしてそのとき、庭園の本領がもっとも発揮される。そういった、その庭園の最終目標である「上演」を踏まえた上で、改めて日本庭園を見直さなければならない。

庭園を「使う」例は、ほかにも時代を通じて見出すことができる。茶会というものも、茶室を中心にしつつ、その周囲の庭園を使うものと言って良いだろう。また、江戸時代の大名庭園では、将軍の接待をはじめさまざまな活動が繰り広げられた。大名庭園のこうした側面を大きく再評価したのが、白幡洋三郎氏による『大名庭園』（一九九七）である。そのヴァ

《尾張公別荘道図》戸山荘 御町屋　　（公益財団法人三井文庫蔵）

リエーションは多岐にわたるが、なかには、今日のアミューズメント・パークを髣髴させるような演出が施されることもあった。

たとえば、現在の東京都新宿区の戸山には、尾張徳川家の下屋敷・戸山荘があった。その敷地は一三万六千坪と言われ、まさに日本庭園史上最大規模の広さを誇る。今日その名残りは、戸山公園にある「箱根山」と呼ばれる築山だけである。戸山荘は、当時、そこにつくられた「御町屋《おまちや》」で有名であった。これは、小田原宿を原寸大で再現したもので、百十三間（約２０６ｍ）におよんでさまざまな町屋が並べられ、将軍御成の折には、家臣が売り子の役をし、庶民の生活を擬似体験していたという（小寺武久『尾張藩江戸下屋敷の謎』）。まさに、庭園全体を用いた、ある種の演劇的パフォーマンスと言えよう。

庭園を「使う」パフォーマンスは、今日の観点からすると、リスクをともなうものでもある。簡単に言ってしまえば、雨が降ったら終りである。もちろん、雨が演出として盛り上げるパフォーマンスもあるだろうが、もし舞台に屋根がなかったら中止である。このように、庭園を「使う」パフォーマンスは、これまで述べてきたように庭園自体が絶えず変化し続けるものであるがゆえに、予期せぬハプニングの可能性を残した上で行われる。それはリスクを持つものだが、それゆえの豊かさを有している。その年の桜の開花時期によって日程が変動することもあれば、先に船楽で見たように、楽器の演奏に折よく風の音や鳥のさえずりが重なることもあるだろう。庭園を「使う」パフォーマンスは、言わば、そうした絶えず変化し続ける日本庭園との即興セッションのような様相を帯びる。もっとも、「使う」と言うと、使う側と使われる側に主従関係が生じているようにも思われ、また、なお人間中心主義にとどまっているようにも聞こえ、あまり好ましくない言葉ではある。むしろ、ある程度、庭園に「委ねながら使う」と言った方がふさわしいかもしれない。屋内の劇場のなかで、同じ舞台美術、同じ照明によって、極力同一の上演の反復を目指す思想とは対照的であろう。

しかし、そのように庭園が本来「委ねながら使う」場所であったことは、今日ほとんど忘れられている。多くの場合、人は日本庭園を、なるべく触れることなく、決められたルートの範囲で歩き、鑑賞しなくてはならない。日本庭園とは文化財の範疇であり、それはまず保存することが第一の課題となる。今日において、日本庭園を自由に「使う」ことができるのは、それを所有する者くらいであり、大きな庭園になるほどそれはごく少数の人々に限られる。
もっとも、現在も日本庭園で何らかのパフォーマンス、催しが行われることはある。東京であれば、浜離宮庭園や新宿御苑などが近年では目立つ。それらは普段とは違う日本庭園の魅力を引き出していると考えられ、今後も多様な活動が繰り広げられてゆくことが期待される。が、その一方で、日本庭園の本来のドラマトゥルギーを踏まえたパフォーマンスの実行も望まれる。

複数人で庭を歩く参加型パフォーマンス――庭めぐりの会

日本各地に多くの日本庭園が継承されている。人はそこを決められた範囲のルートで歩き、なるべく庭園に影響を与えないように鑑賞するしかないと、右ではいささか消極的な書き方をした。また、今日、そこを「使う」こと、その空間の最終目標であるパフォーマンスが行われることはめったになく、それを自由に行うことができる人も、携わることのできる人も少数しかいない、とも。

とは言え、あくまで来訪者として、決められたルートで庭園を歩いて鑑賞することからも、かなり豊富な積極的意義を見出すことができる。

庭園を一人で訪れ、めぐり歩くことは貴重な機会である。思うままに歩きまわり、好きなように景色をながめ、音を聴き、あずまやに座り、日常から離れて物思いにふけり、時によっては昼寝をする。「癒される」時間である。庭園の楽しみ方として、素晴らしいものである。もちろん、カップルで庭歩きをするのも素敵なデートになること必至である。

しかし、より多くの人数、十数名くらいの、各人が全体の様子を把握できる範囲で一つの庭園をめぐることは実に刺激的である。このことを私は、「庭めぐりの会」という、複数人で庭園を訪れる会を継続的に行うなかで体感している。

先に見てきたように、日本庭園には石や植物、建築物などさまざまな事物が混在しており、またそこではいろいろな生物——そこには訪問者も含まれる——が見られる。そこにある多様な事物、そこで生じる多様な現象のうち、一人の人間が享受できる範囲、注目できる範囲はどうしても限られる。しかし、そこを複数人で訪れ、目に入るものについてあれこれ喋りながらめぐり歩くとき、一人では目にとめなかったようなものに目を向けることになる。要するに、ここで庭園の体験は、一人で行うときよりも多視点的、もっと言えば間主観的なものになる。その幅は、参加者の年齢や職業が多様であればあるほど豊かなものになる。とくに、子供の視点はやはり大人を驚かせてくれる。

また、複数人で庭を歩くことの面白さは、そこで庭とは全く関係のない話をあれこれ喋ることにもある。目の前にある庭から、話がほかのものに連想されることもある。初めて知り合う間柄であれば、おのずとそれぞれ簡単な自己紹介をしつつ、何か共通の話をするようになるだろう。よく知っている間柄であれば、直近の話題を話し合う。が、庭を歩いていて、たとえば見晴らしの良いところに出たとき、話題は一旦、庭園そのものに向かう。そしてまた、それぞれの視点での鑑賞があり、またそれについての話が盛り上がり、しばらくして次の場所へ移動する頃、話題もまた、それ以前に話していたことに戻る。

このように、庭をめぐり歩いてゆく行為に並行して、他者との会話が進行してゆく。その二つは接近することもあれば、離れてゆくこともある。さらには、自身が参加している会話だけでなく、傍らでは別の会話が進行している。

こうした一連の行為は、言うまでもなく、一回きりのものである。その参加者の組み合わせも毎回異なり、また、庭園も刻一刻と変化するため、同じ状況が反復されることはなく、百日紅《さるすべり》の花が咲いていることもあれば、折良くカワセミに見《まみ》えることもある。まさしく、それは「一期一会」である。

要するに、庭めぐりの会を継続しているなかで私がつくづく感じているのは、複数人で庭をめぐり歩く一回きりの一連の行為自体、一つのパフォーマンスと見なすことができるということである。それは先に見た船楽のような、庭園において演者と観客が二分されるパフォーマンスではない。むしろ観客参加型のパフォーマンスであり、参加者は演者であるとともに観客である。そしてそれは、基本的な台本ないし楽譜のインストラクションに従うように、決められた庭園のルートをたどりつつ、参加者がそれぞれ相互的に庭園と呼応しながら即興を行うパフォーマンスである。

先に見たような、庭園における演者・観客分離型のパフォーマンスを行うことは制約が大きく、今日においては難しい。しかし、右のような庭めぐりという、制約のある一般参観の範囲内でできる観客参加型パフォーマンスもまた、非常に豊かな体験をもたらす。それは単に楽しいだけでなく、たとえば抱えている仕事についての思わぬヒントが得られたりすることもある。ぜひとも読者の方々には、一度、こうした複数人での庭めぐりを行ってみて、その醍醐味を体感していただきたい。

終らない庭

右は、私なりの日本庭園への考えである。日本庭園の享受に、正しいものなどあるはずがない。その享受のあり方は多様であるべきである。

次章では、このように変化し続ける日本庭園を今日のテクノロジーを駆使してアーカイヴ化する試みについて触れる。が、その枕として、また、本章から次章への蝶番《ちょうつがい》として「終らない庭」というコンセプトについて触れたい。

この印象的な言葉は、作家・三島由紀夫（一九二五―七〇）のものである。三島の作品にはしばしば「庭」があらわれる。とくに最後の長篇小説『豊饒の海』四部作では、一作目『春の雪』（一九六九）で度々池泉回遊式庭園が効果的に用いられるほか、四作目『天人五衰』（一九七一）のラストシーンは庭で終わる。しばしば指摘されているように、『天人五衰』のラストは三島が十六歳で書いた処女作「花ざかりの森」（一九四一）の末尾と酷似しており、そこでも庭が登場する。三島において「庭」が何であったかという問題自体、興味深いものではある。

その三島が、一九六七年に京都仙洞御所を訪れて書いた文章がある。これはその翌年に淡交新社から出版された『宮廷の庭I――仙洞御所』という写真集に付せられた文章である。この文章は、数ある日本庭園についての評論文のなかでももっとも優れたものの一つと思われる。そこでは仙洞御所の庭をめぐりながら、三島ならではのレトリックに満ちた文章で庭の細部を描き、そこから多くの魅力的な論理を導き出している。それが「終らない庭」である。

先に、複数人で庭を歩くことの面白さについて触れたが、対して、これから取り上げる文章は、どうやら三島が一人で仙洞御所の庭を歩きながら思索をめぐらす設定で書かれているようである。その思索のなかでは「時間」がキーワードとなっている。ここでしばしば三島は、庭園を「音楽」に喩えている。

三島は、鼓常良による『西洋の庭園』（一九六一）を参考にしながら、日本庭園と西洋の庭園、それもフランスのヴェルサイユ庭園との比較を行っている。そこで三島は、ヴェルサイユの庭には「時間」の要素が導入されず、それが老いてゆくことは嫌われたとする。

　時間を庭へ導入することを、西洋の造園術は思ひつかなかつた。もし時間の原理を導入すれば、形態は腐蝕され、秩序は崩壊し、モニュメントは無効になるであらうからである。立木はたえず時間の影響をうけて変形するので、その刈り込みは庭師の多忙な仕事であつたが、樹々は配列も形態も、彫刻同様にはつきり反自然的なものであらねばならなかつた。

　庭がどこかで終る、庭には必ず果てがある、といふ観念は、西洋の専制君主にとつては、我慢ならぬものであつたに相違ない。

（「仙洞御所「序文」」）

これに対して、日本には、時代を通じて、権力そのものの具現であるような庭の形式はかつてなく、むしろ日本の庭は「権力否定の場」だと言う。そして、こう述べている。

おそらく日本の庭の持つ秘密は、「終らない庭」「果てしのない庭」の発明にあつて、それは時間の流れを庭に導入したことによるのではないか。

（同）

ヴェルサイユの庭において、時間が流れないわけではない。しかし、そこはあまりに広大であるため「いくら歩くのに時間がかかっても、われわれは、時のない場所を歩いてゐるといふ感覚を捨てることはできない」と三島は記している。先の引用のように、それが時間によって変化してゆくことは嫌われ、むしろ時間の流れは極力止められる。時間変化を許すことは、それがいつか「終る」こと、「果て」に到達することを意味する。それに対して、日本の庭園は「時間の流れ」を肯定する。そしてその変化に「終り」や「果て」はないと三島は言う。

これより以前の箇所で、三島は、庭園自体を老女に見立てた記述をしている。

それにしても仙洞御所はすでに焼亡し、そこに住んでをられる方はない。美しい庭だけが、ただまれ人に見られるために、しじゆう身じまひをして、黙然と坐つてゐる。美しい老いた狂女のやうに。

（同）

仙洞御所もまた、建築よりも庭が長生きした事例の一つである。そしてその長生きした庭を、ここでは「美しい老いた狂女」に喩えている。おそらくこれは、能《卒都婆小町《そとばこまち》》の冒頭、かつては絶世の美女であったものの九十九歳となった老女の小野小町が卒塔婆に腰掛けているシーンを踏まえていると思われる。三島自身、この能を翻案した戯曲を『近代能楽集』に書いている。

さらに、三島がここで注目するのは橋である。橋もまた、三島において重要なモティーフで、「橋づくし」（一九五六）という数ある三島の短篇のなかでも傑作と言われる作品がある。

先に触れなかったが、橋は日本庭園を構成する重要な人工物の一つである。それは隔てられた二点を接続するとともに、その二点間からの眺望を体験可能にする。と同時にそれは移動機能をもたらすだけでなく、見られるものとして、風景にアクセントを与える役割も担う。三島は、橋を西洋式庭園の大階段と比較する。階段――それは古くは「きざはし」と言われた――の両端には上下関係が生じる。しかし、橋においてはそのような関係は生じず、それが接続する「此岸」と「彼岸」は、一方から渡るときと、その逆方向に渡るときで入れ替わる。そこで「庭をめぐる時間」は「可逆性を持つことになる」と三島は言う。「われわれはその橋を渡つて、未来へゆくこともでき、過去へ立ち戻ることもでき、しかも橋を央《なか》にして、未来と過去とはいつでも交換可能なものとなるのだ」と。すなわち、Aという地点からBという地点へ橋を渡るとき、Aが過去になり、Bが未来となる。ところが、橋を渡ってBの地点へ着いてから振り返ると、今度はAが未来になるということである。このように橋がつなぐ「此岸」と「彼岸」、「過去」と「未来」という両端は、いくらでも交換可能なものとなる。このプロセスを、三島は得意の詩的な文体で記している。

日本の庭をめぐつて、一つの橋にさしかかるとき、われわれはこの庭を歩みながら尋《と》めゆくものが、何だらうかと考へるうちに、しらぬ間に足は橋を渡つてゐて、「ああ、自分は記憶を求めてゐるのだな」と気がつくことがある。そのとき記憶は、橋の彼方の藪かげに、たとへば一輪の萎んだ残花のやうに、きつと身をひそめてゐるにちがひないと感じられる。
しかし、又この喜びは裏切られる。自分はたしかに庭を奥深く進んで行つて、暗い記憶に行き当る筈であつたのに、ひとたび橋を渡ると、そこには思ひがけない明るい展望がひらけ、自分は未来へ、未知へと踏み入つてゐることに気づくからだ。

かうして庭は果てしのない、決して終らない庭になる。見られた庭は、見返す庭になり、観照の庭は行動の庭になり、又、その逆転がただちにつづく。庭にひたつて、庭を一つの道行《みちゆき》としか感じなかつた心が、いつのまにか、ある一点で、自分はまぎれもなく外側から庭を見てゐる存在にすぎないと気づくのである。

（同）

要するに、三島の言う「終らない庭」のコンセプトのポイントは二つある。一つは、日本の庭では、時間変化、老いていくことが肯定されており、その変化は果てしないということである。たとえ創建当初に先行していた建築が焼亡しようとも、庭は生き残る。言わば、庭園全体のマクロな時間の永続性である。鈴木博之氏による「庭は建物より長生きするのかもしれない」という言葉が思い出される。先に『万葉集』から嶋宮において草壁皇子を偲んだ和歌を見たが、こうした永続性ゆえに、庭は、人を偲ぶ場ともなった。

もう一つは、その庭を体験する一人一人における、言わばミクロな時間の永続性である。要するに、その庭の体験には「はじめ」も「終り」もない。橋を渡って「こちら」から「あちら」に行くことは、一見、未来へ向かうように思われるが、すぐに先ほどまで「こちら」だったものが、今度は「あちら」、すなわち未来となる。このように庭の体験は「終り」のないものとなる。人はただ、それを中断して、園外に出るしかない。

ここに論理的な綻びがないわけではない。三島は一見、強固な論理に基づきながら記述を進める一方で、あえてそれを綻びさせることで、より妖艶なポエジーを導き出しているようにも思われる。しかし、日本の庭が終らないものであり、また、その体験も終らないものであるということ。そのコンセプトを、いま一度強調して留意したい。ここには、人による庭園の体験不可能性が示されているように思われる。これまで見てきたように、庭園には実に多様な要素が混在している。しかもそれは、石という強固なものを骨格としながらも、刻一刻と変化してゆき、そこで同じ現象は二度と生じない。それらのうち、人が知覚できるもの、享受できるものはごくわずかである。たとえ複数人によってそこをめぐって、一人では気づかないようなものを共有できたとしても。そのように庭とは、無尽蔵のものである。

では、そうした「終らない庭」に、今日のテクノロジーを用いてどのように対峙することができるだろうか。次章ではいよいよ、本書の主題である庭園アーカイヴ・プロジェクトの活動を取り上げる。

第2章

日本庭園の新しいアーカイヴへの挑戦

――「Incomplete Niwa Archives 終らない庭のアーカイヴ」

動態としての日本庭園をどう捉えるか

多様な要素から構成され、刻一刻と変化し続ける日本庭園。個々の日本庭園自体、二つとして同じものはなく、また、そこで二つとして同じ現象が起きることもない。

では、こうした日本庭園をどのように記録すること、アーカイヴ化することができるだろうか。しかも、変化し続ける日本庭園を、可能な限り、変化し続ける動態として捉えながら。これは、日本庭園をどのように享受するか、ということに関する一つの問いである。あるいは、現代において日本庭園の経験はどのように変化ないしアップデートを被るのか、と問うことにもなる。

このことを考えるために、本章では、私が二〇一九年より進めている庭園アーカイヴ・プロジェクトの活動を取り上げる。そこでは現代のテクノロジーを用いた日本庭園の新しいアーカイヴを開発する研究を行っており、その成果としてウェブサイト「Incomplete Niwa Archives 終らない庭のアーカイヴ」と、同名のインスタレーション作品を公開している。

本章では、このプロジェクト始動の背景からはじめ、プロジェクトの歩みをたどりながら、日本庭園がいかなるものであるかをテクノロジーを介した実践から考えてゆく。

山口情報芸術センター［ＹＣＡＭ］と庭

庭園アーカイヴ・プロジェクト始動の経緯を語るにあたって、まず、山口情報芸術センター（Yamaguchi Center for the Arts and Media、以下ＹＣＡＭ）というアート・センターについて触れたい。

ＹＣＡＭとは、二〇〇三年に山口市に開館した、国内では珍しいメディア・アート・センターであり、開館以来、世界中のアーティスト、研究者を招聘しつつ、メディア・テクノロジーに基づいた芸術表現を探求してきた。その特徴は、ＹＣＡＭ InterLab《インターラボ》という技術チームが常設されていることや、新しい作品・活動の制作を第一とし、所蔵品を持たないなどさまざまであるが、何より言えることは、常にディシプリンにとらわれない自由な活動を促進する空気に満ちていることである。

私が初めてＹＣＡＭに関わることになったのは二〇一三年である。その年、ＹＣＡＭは開館十周年を迎え「アートと環境の未来・山口　ＹＣＡＭ10周年記念祭」が開催された。その「10周年記念祭」のアーティスティック・ディレクターをつとめたのが、世界的な音楽家・

坂本龍一氏である。
「10周年記念祭」のコンセプト・キーワードは〈アート〉〈環境〉〈ライフ〉の三つであった。そして、この三つを総合する隠れコンセプトこそ「庭」であった。記念祭開催前に頒布された印刷物では、「自然世界と情報技術の新たな共生のためのインターフェイス」として「庭」が掲げられていた。

坂本氏もまた、庭に興味を持つアーティストである。「10周年記念祭」では、庭への連想を誘うような、氏のインスタレーション作品が複数展示された。

たとえば《LIFE - fluid, invisible, inaudible...》（以下《LIFE - fii》）——この作品の発表自体は二〇〇七年で、このときは再展示である——は、氏が一九九九年に発表した壮大なマルチメディア・パフォーマンス《LIFE》を、非線形的に、言い換えるなら「庭」的にインスタレーションとして再構築したものである。

この「庭のような」インスタレーションの下で、坂本氏とアーティストグループDumb《ダム》Type《タイプ》の高谷史郎氏、そして和泉流狂言方・野村萬斎氏による能楽コラボレーションのパフォーマンス《LIFE - WELL》を行う企画が進められ、そこで私はドラマトゥルクを担当した。

そのほか「10周年記念祭」では、樹木の微弱な生体電位を用いた《Forest Symphony》や、井戸のような装置に雨を思わせる水滴を落とす《water state 1》など、自然にメディア

野村萬斎＋坂本龍一＋高谷史郎 能楽コラボレーション《LIFE－WELL》 2013年
撮影：田邊アツシ　写真提供：山口情報芸術センター［YCAM］

・テクノロジーを介入させることで、それを「庭のような」空間インスタレーションに変換する作品が新たに制作・公開されていた。
この「10周年記念祭」から私が受けた影響は計り知れない。そもそも私が庭に興味を持つようになったのも、実は《LIFE－fluid》制作背景にある坂本氏と高谷氏による京都・法然院の庭園でのパフォーマンスによる。こうした両氏と庭、あるいはメディア・アートと庭の問題は、改めて本格的に取り組まなくてはならない大きなトピックである。そもそもインスタレーションという表現形式自体、庭園と通じるところが多い。庭園を、古来のインスタレーション・アートと位置付けることもできるだろう。しかし、本書の範囲においては、右の試みから提示される、メディア・

テクノロジーを用いた庭へのアプローチの可能性という点のみを強調するにとどめたい。

自然現象のさまざまな面に対して、メディア・テクノロジーを介在させることで「庭のような」インスタレーションを創出する手法。これを再帰的に日本庭園そのものを対象とするとどうなるか。言い換えるなら「庭についての新しい庭」をつくってみたらどうなるか。そうすることで、庭の新たな側面を露わにすることができるのではないか。こうした考えが、長らく私のなかに底流していた。

日本の「公園」の歴史のリサーチ

私の「庭についての新しい庭」の最初の試みと位置付けられるのが、アート・プロジェクト「プロミス・パーク・プロジェクト（Promise Park Project）」におけるリサーチである。これもまた、起源は「YCAM10周年記念祭」にある。

右の記念祭の数ある企画のなかに「Art and Collective Intelligence（アートと集合知）」と題されたグループ展があった。そのなかで、韓国のアーティスト、ムン・キョンウォン氏による《Promise Park》という作品が展示されていた。これは「人間にとって公園とは何か」「カタストロフが起きた未来において、人間はどのような公園をつくるか」といった問いをコンセプトとした作品であり、自然の風景の映像や、屋上が緑地と化した高層廃墟ビルのCG映像を、床と壁の二面に映写する作品であった。

この《Promise Park》を原形とし、YCAMで翌年からスタートしたのが「プロミス・パーク・プロジェクト」である。これは、右の問いを中心にしつつ、「公園」をキーワードにさまざまな分野のリサーチに基づき、人間と文明、芸術、未来の諸問題を問い、最終的に一つの作品に結実させようとするプロジェクトであった。そして、二〇一五年にムン氏の新作展覧会を行う準備段階として、二〇一四年にリサーチ展が開催された。そこで私は、日本における庭園と公園についてのリサーチ展示を担当した。

公園と庭園は、重なり合うところもあるが、公園とは誰もが自由に入ることのできる場である。公園が文字通りに公的《パブリック》なものであるのに対して、庭園とは本来的に私的《プライヴェート》なものである。前者が公用地であるのに対して、後者には基本的に何らかの所有者がいる。一般公開されている庭園であっても、そこで入園料がかかる場合が多い。公園は、訪れようと思えば誰もが足を踏み入れることができるが、庭園の場合、招かれなければ立ち入れないことがある。

「公園」という概念は、やはり西洋由来のものである。しばしば、西洋の最初の公園はロンドンのハイド・パークと言われる。その土地はもともとウェストミンスター寺院の所領であったが、一五三六年にヘンリー八世によって召し上げられ王室狩猟園となる。ここを一六三七年、チャールズ一世が一般に開放したことによって、世界初の「公園」が一時的に成立することになる。〝park〟とは、もともと狩猟園のことを言ったが、これが一般に開放された〝public park〟が「公園」となり、後に、単に〝park〟だけで「公園」を意味するようになった。

一方、日本における公園は、制度的には一八七三年（明治六）に発せられた太政官布告第十六号によって成立した。そこで開園したのが浅草公園、芝公園、深川公園、飛鳥山公園であり、少し遅れて一八七六年に上野公園が開園した。しかし、誰もが出入りすることができ、散歩やレクリエーションのできる空間がそれまでなかったわけではない。右の公園はそれぞれ浅草寺、増上寺、富岡八幡宮、寛永寺といった寺社の境内、また、飛鳥山という名所を前身としている。大きな寺社の境内は、ある種のアジールとして、さまざまな人々が出入りし、そこで各々の多様な活動が許される場であり、近代以前においてすでに公園に近い性質を持っていた。また、飛鳥山は、八代将軍・徳川吉宗が桜を植えさせ、庶民の行楽の地にしようとした場であり、ほとんど近代的な公園計画と同じような意図のもとつくられた場であった。

そのほか、一八七四年（明治七）に金沢・兼六園が「兼六公園」として公開されるように、大名庭園を一般に公開するかたちで公園となったものもある。もっとも大名庭園に関しては、第3章で触れる白河藩の南湖《なんこ》が士農工商の四民に開放された「共楽の園地」であったほか、水戸藩の偕楽園も「三」と「八」が付く日に庶民に開放されるなど、江戸時代から先駆的な公園に位置付けられるものもあった。

そして、一九〇三年（明治三十六）には、西洋モデルに倣って初めてゼロからつくられた公園として日比谷公園が開園する。

要するに、日本の公園には、もともと庶民が自由に出入りしていた公園的な場を近代以降に制度化したものが多い。しかし、このように西洋的な公園の概念が接木されたことによるねじれが生じているのも事実である。たとえば、飯沼二郎氏と白幡洋三郎氏は、日本の公園は禁止事項ばかりがあり、人々が自由に利用している様子があまり見られないことから、日本には公園が定着していないと指摘している（『日本文化としての公園』）。その理由の一つとして

歌川広重《名所江戸百景》
「飛鳥山北の眺望」1856年（安政３）

白幡氏は、西洋の公園が市民の要望から生まれたのに対して、日本の場合、西洋から輸入することで行政的にトップダウンで制度化したことを取り上げている。

前章で触れたように、「庭」という言葉は、今日「日本庭園」と呼ばれるものだけでなく、元来もっと広い意味を持つ言葉であり、それは公園のような場をも包含し得るものであった。網野善彦氏は、詳細な文献調査のもと「庭」という言葉について以下のように述べている。

「庭」は元来広い場所、つまりは広場であり、狩猟・漁撈・脱穀・調整のような農作業、さらに、騎馬・合戦・夜討が行われ、とくに神事・仏事、それに獅子舞・蹴鞠・相撲をはじめ、商業・交易など広義の「芸能」が営まれる舞台であったと解することができよう。

（網野善彦「中世「芸能」の場とその特質」）

こうした広義の「庭」であり、かつ今日の公園に近い性質を持つものに、たとえば「市《いち》の庭」がある。そこは、文字通り、さまざまな人々が往来し、物品を交換する場であったが、そのほかにも男女が歌を応酬してパートナーを決める歌垣《うたがき》が行われたり、芸能が行われたり、子供による遊戯、雨乞い、占術、処刑など、さまざまな活動が繰り広げられる場であった。

庭園とは「閉ざされた庭」であり、対してこのような公園的な場を「開かれた庭」と図式化することも可能だろう。

山口市の石のフィールドワーク

こうした背景に基づきつつ、日本の公園的空間、公共空間の歴史をどのように探ることができるか。しかも、それなりの大きな時間的幅を持った視点のもと、かつ、ＹＣＡＭの所在する山口市という一地域を対象とするには。そこで着目したのが、石であった。

前章で触れたように、石は日本庭園の骨格であった。しかし、日本庭園という「閉ざされた庭」ではなく「開かれた庭」の場合であっても、石は重要な役割を担っている。たとえば、右に見た「市の庭」においては、石が道祖神《どうそじん》や商売繁盛を保証する市神《いちがみ》として祀られることがあった。その場所の目印として、不動の石が用いられるとともに、それがその場所を守護し、商売繁盛を保証する神として崇められたのである。

都市のなかでこうした石を探ることで、右のような公共空間、公園的空間を探ることができるのではないか。そうした考えから山口市で石のフィールドワークをはじめたところ、大きな示唆を与えてくれる石と出会った。

建石《たていし》

山口盆地から南に山を越えたエリアに、陶《すえ》や鋳銭司《すぜんじ》と呼ばれるエリアがある。これらの地名は、古代にこの辺りで須恵器がつくられたこと、また、鋳銭司という、平安時代に貨幣を鋳造する機関があったことによる。その近辺に春日神社という神社があり、神社に通じる道と、山陽道が直交する地点の傍らに「建石」と呼ばれる大きな平たい石がある。すぐ横の説明の看板によると、この石はいつ誰が何のために立てたものであるか不明だという。十八世紀前半頃に編まれた村明細書『防長地下上申』にはすでにこの石のことが記されており、地誌『防長風土注進案』（一八四二）には東西南北や鋳銭司への入口を示すとする説が記されている。いずれにせよ、これは自然にできたものではなく、明らかに誰かによって立てられたものである。石は花崗岩で、この一帯に見られる石ではないという。そして、この近辺には今日も

建石（山口市陶）

「立石」という地名が残っている。

この建石は、さまざまな面で示唆に富むものだった。日本庭園が立てられた石を中心にしているということについては第1章で見てきたが、これは日本庭園の外に立てられた石、広義の「庭」、「開かれた庭」の石である。日本庭園において、石はその不変性によって庭園の骨格を保ち続けるが、石は都市のなかでも大きな力を持つ。建石の場合、それはもはや何のために立てられたのか用途は忘れられてしまっているが、しかし、その土地の名前の言わば証人として、ずっとそこに立ち続けている。具体的に詳細を知ることは困難なものの、その石の周囲で無数の人々がさまざまな活動を行ってきたことが想像される。

鰐石《わにいし》

もう一つ、大きな示唆を与えてくれたのは鰐石である。これは山口盆地の中心近くにあり、椹野川《ふしのがわ》が仁保川《にほがわ》に合流する手前の川辺にある重ね岩で、大きな岩の上にさらに岩が載り、上の岩には注連縄が張りめぐらされている。この石については、一三七三年（応安六）に山口を訪ねた明の趙可庸《ちょうかよう》が「鰐石に雲を生ず」という漢詩を詠んでおり、かなり古くから「鰐石」と呼ばれていたことが知られる。また『防長風土注進案』には、鰐石という「奇巌」により街の名となり、市恵比須《いちえびす》として祀られ、毎年二月三日の初市にはこの岩のかたちをした

鰐石（山口市鰐石町）

重ね餅が売られたと記されている。これこそまさに「市の庭」を守護する石である。鰐石の傍らにかかる鉄橋は鰐石橋と呼ばれ、この地域一帯は現在も鰐石町と呼ばれている。

人や動植物、建築物は生まれては死んでゆき、周囲の都市は常に変化し続けるが、石は残り続ける。石はそこで微動だにせず、その周囲で繰り広げられるさまざまな活動を見守り続ける。それゆえその石は、その土地でもっとも過去をとどめるよすがとなっていると考えることもできるだろう。言わば、石はその都市の記憶の要になっている。このように、都市のなかからゆかりの石を一つずつ見出し、その複数の地点からなる石の星座を見出すことで、その都市の深層が見えてくるのではないか。

こうした考えのもと、山口市内において計十六箇所の石のフィールドワークを行い、「山口市の石アーカイヴ」という展示を公開した。そこでは、「開かれた庭」の石を記録・アー

ムン・キョンウォン＋YCAM「プロミス・パーク・プロジェクト［リサーチ・ショーケース］」展　2014年
写真提供：山口情報芸術センター［YCAM］

カイヴ化するべく、さまざまな手法を試みた。具体的には、まず、全方位カメラRICOH THETAでそれぞれの石の地点から見える風景を撮影し、iPhoneを用いた簡易的なヘッド・マウント・ディスプレイによって、鑑賞者が、市内十六箇所の石の地点の風景を擬似的に体験できるシステムを構成した。これは言ってみれば、石の視点になったかのような体験を創出するものである。そのほかにも、山口市の地形のミニチュアを３Dプリンターで出力したり、会場の中心に実物大の建石のレプリカを設置する試みを行った。

リサーチ・インスタレーション《パーク・アトラス》

この展示を翌年さらに発展させたのが、リ

サーチ・インスタレーション《パーク・アトラス》である。二〇一五年、ムン・キョンウォン氏とYCAMによる新しい作品を中心にした展示「プロミス・パーク——未来のパターンへのイマジネーション」展が開催された。最終的に、ムン氏は、17m×17mからなる西陣織の「絨毯」と、床に映像を映写する「映像による絨毯」という一対の作品を展示した。この二つの作品の間に展示されたのが《パーク・アトラス》である。これは1800㎜×1200㎜からなる横長のパネルに映像を映写するインスタレーションで、国内外における六つの公園——ハイド・パーク（ロンドン）、セントラル・パーク（ニューヨーク）、上野公園（東京）、アンドレ・シトロエン公園（パリ）、ムンダネウム計画（スイス）、山口市中央公園（山口）——の図像資料およそ千点からなる「近代公園の濫觴と公園の思想の新たな展開」と、アップデート版「山口市の石アーカイヴ」の二つのパートから構成された。

新しい「山口市の石アーカイヴ」では、市内の石スポットを三十二箇所に拡張し、フォトグラメトリ（写真測量法）と呼ばれる手法によって、石の3Dスキャンを行った。これは、デジタル・カメラによって被写体をさまざまな位置・角度から撮影し、その画像をアルゴリズムを用いて解析・統合することで3DCGモデルを作成する手法である。この場合は、ある石を多方向から数百枚程度の写真を撮影し、それらの画像から3Dデータを作成した。

最終的に《パーク・アトラス》「山口市の石アーカイヴ」パートでは、等高線からなる山

リサーチ・インスタレーション《パーク・アトラス》
ディレクション：原瑠璃彦　プログラミング：白木良
ムン・キョンウォン＋YCAM「プロミス・パーク――未来のパターンへのイマジネーション」展　2015年
撮影：古屋和臣　写真提供：山口情報芸術センター［YCAM］

口市の地形3Dデータに、これら三十二箇所の石の3Dデータを埋め込み、一つ一つの石を擬似的にめぐってゆくシステムを構築した。

先に、「山口市の石アーカイヴ」は、市内各地に伝わるゆかりの石を探ってゆくことで、石の星座を見出し、山口市の古層を探ろうとするものだと述べた。《パーク・アトラス》ヴァージョンは、石の形状、表面のテクスチャー、地形、文献資料によるテクストなどのデータから構成されており、これらはいずれも比較的時間変化を被らない強固なデータ、情報である。そうした、市内の各ゆかりの石が長期間にわたってほとんど時間を超越するかのように保ってきた情報、位

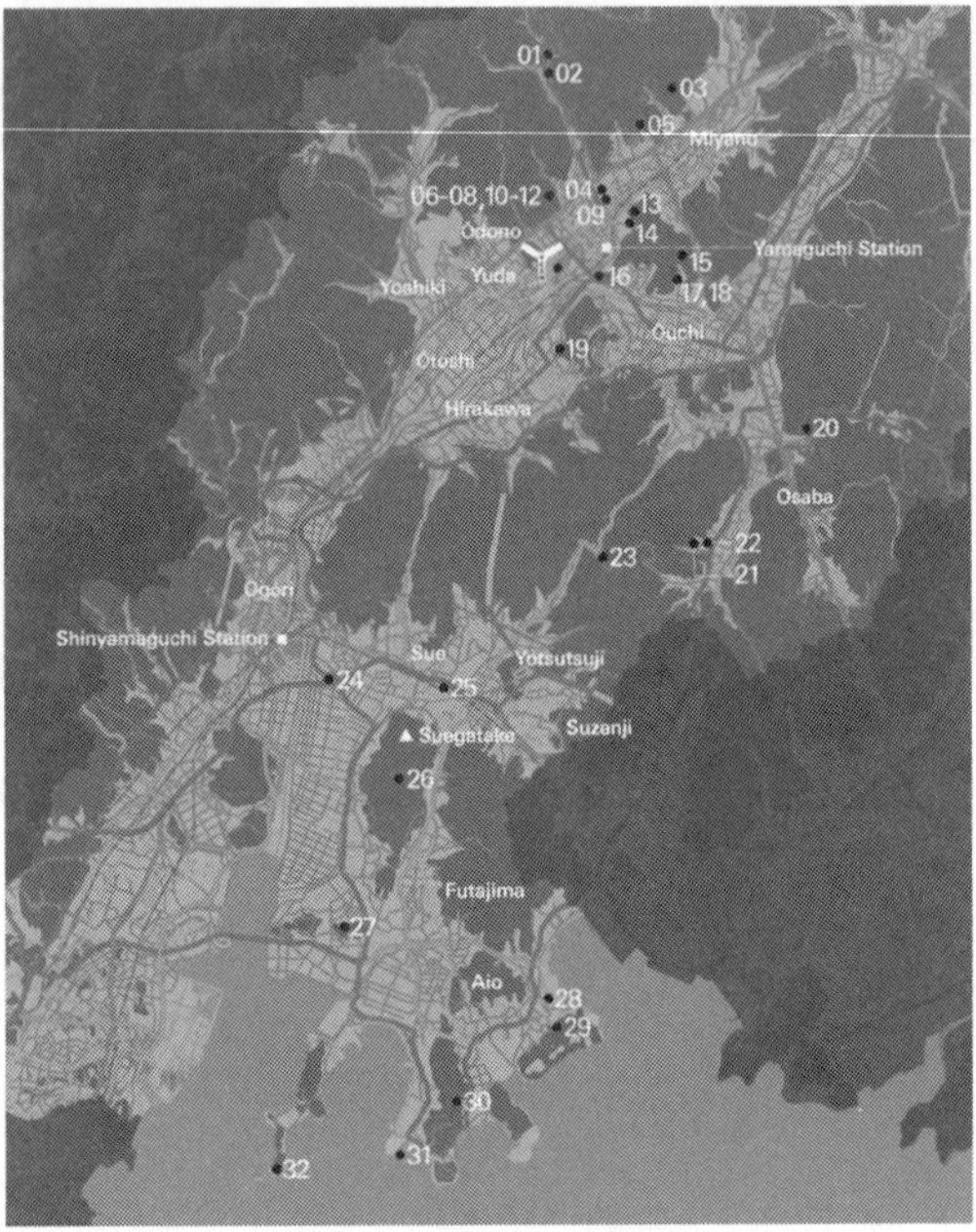

「山口市の石アーカイヴ」地図

01 御著の森 降臨石 / 02 石体 子安観音堂 本尊御座石 / 03 乳岩 / 04 八坂神社 盃状穴 / 05 常栄寺 伝雪舟庭 / 06 山口大神宮 籾置石 / 07 山口大神宮 伝雪舟庭 / 08 山口大神宮 石敢当 / 09 龍福寺 豊後石 / 10 山口大神宮 八坂神社の鷺岩 / 11 山口大神宮 多賀神社の安産石 / 12 山口大神宮 天岩戸 / 13 善生寺 伝雪舟の庭 / 14 御石の森の石 / 15 興隆寺 六即石 分眞即石 / 16 鰐石 / 17 興隆寺 六即石 名字即石 / 18 興隆寺 六即石 理即石 / 19 白石 / 20 鳴滝の百帖の岩 / 21 鰐鳴八幡宮 放生石 / 22 鰐鳴八幡宮 市内最古の板碑 / 23 194 号線の道祖神 / 24 皇后岩 / 25 建石 / 26 火の山 / 27 焼火神社 / 28 赤崎神社 義経の汐待石 / 29 三丈岩 / 30 行者様 / 31 猿岩 / 32 岩屋の鼻
画像提供：山口情報芸術センター［YCAM］

置関係を、一種のすごろくゲームのように体験するのがこのインスタレーションである。一つ一つの石スポットの移動はランダムに行われる。スポットは三十二箇所あるため、二点間の移動パターンは単純計算でも九百九十二通りあり、ほぼ毎回異なる移動をし、サイコロを振るようにランダムに市内の各石をめぐり続けてゆく。

石とアーカイヴ

山口市内の石のフィールドワークを行い、それらの石を3Dデータ、画像データに変換してゆくなかでつくづく感じられたのは、石というものが持つ力である。手に取って触ることのできない情報、データが氾濫する時代、石のモノとしての確かさは、どこか人に安心感を与えるようである。いまや人は、さまざまな情報・データをDVDやHDDなどに保存している。しかし、そこに保存したデータは、たとえば百年後も取り出すことができるだろうか。人はいまVHSですら、そこに記録されている映像を視聴することに苦労している。そうしたなか、石を記録メディアとして用いることが、いかに強固な情報・データの保存の仕方であるかを思い知らされる。人を埋葬する墓や、あるいは記念碑に石が用いられ、そこに文字が刻まれるのは、それが大きな時間が経過しても残り、後世の人々もそれが何のためのものか分かるからである。言ってみれば、石とは、アーカイヴ・メディアの元祖である。前章で

石体 子安観音堂 本尊御座石の３Dデータ

石体 子安観音堂 本尊御座石の接写画像

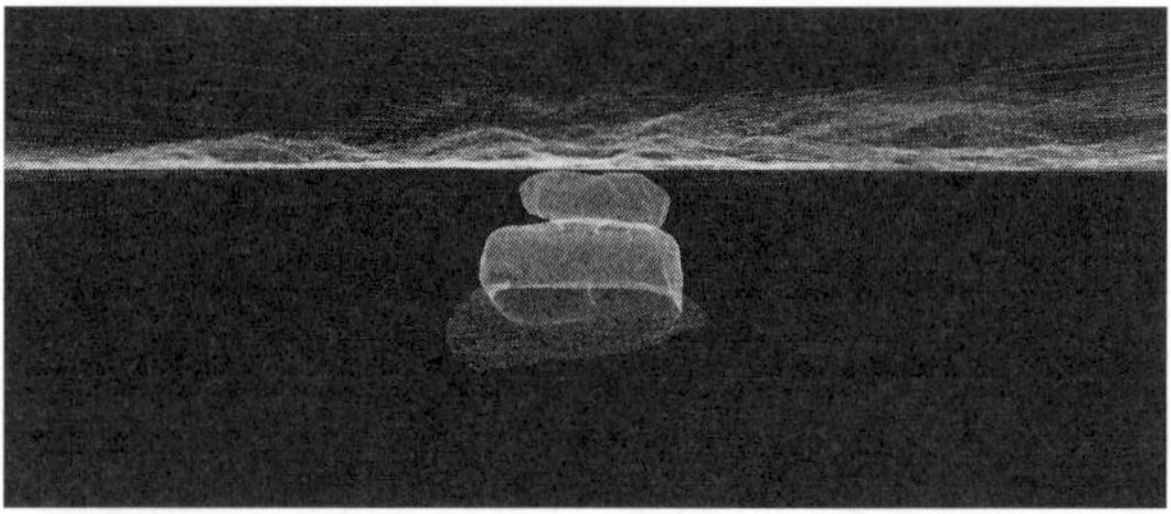

山口大神宮 多賀神社の安産石の3D データと地形データ

画像提供：山口情報芸術センター［YCAM］

日本庭園の源流として磐座や環状列石を取り上げたが、ストーンサークルなどの石のコンポジションは、謎に包まれた原初的なアーカイヴと言えよう。それが何のためのものであるか、何を意味しているのかいま知ることは困難だが、その存在の確かさだけは揺れることがない。そこでは、機能のみに回収されない存在の豊かさのようなものがある。こうした石を、メディア・テクノロジーによってその対極にあたる実体のないデータに落とし込もうとすること。その営みは、事物とデータ、そしてアーカイヴの関係とは何か、という大きな問いかけをもたらすものであった。

アーカイヴの場としての「庭」

もう一つ「プロミス・パーク・プロジェクト」の活動を通して認識したのは、庭園や公園、言わば広義の「庭」自体が持つ「アーカイヴの場」としての側面である。《パーク・アトラス》の「近代公園の濫觴と公園の思想の新たな展開」パートで注目したのはこうした側面であり、そこでは、その系譜を多数の図像資料から追うことを主旨としていた。

第1章で取り上げた上林苑には、世界中の植物や動物が集められていたという。上林苑の規模は周囲三百里（約150㎞）と桁違いに大きいが、基本的に庭園とは、異なる場所の種々の事物が蒐集・配置される場である。こうした系譜は、近代になるとより発展してゆく。

それが博覧会である。

先に触れた西洋最初の公園と言われるハイド・パークの歴史のなかで注目されるのは、一八五一年、そこが世界初の国際博覧会、すなわちロンドン万国博覧会の会場となったことである。その折には、水晶宮《クリスタル・パレス》と呼ばれる鉄とガラスからなる巨大な建築物が建てられ、そこに世界三十四カ国の原材料、機械、工業製品、彫刻・造形美術など十万点以上が展示された。

注目すべきは、この水晶宮が、温室を拡大した建築物に相当する点である。水晶宮の設計を手がけたのは、ジョゼフ・パクストンなる人物であり、彼は造園家でもあった。パクストンは温室の改良に取り組み、ガラス、鉄、木による新しい大きな温室を生み出しており、水晶宮ではそのノウハウが生かされていた。温室とは、内部に異なる土地の環境を生み出すことで、本来そこに生育しない植物を保存する装置である。水晶宮において、温室は異なる土地の種々の植物だけでなく、機械や工業製品などを蒐集するものに変貌を遂げた（吉見俊哉『博覧会の政治学』）。

以後、公園と博覧会のゆかりは深い。ニューヨーク万国博覧会とブライアント・パーク、パリ万博とエッフェル塔の立つシャン・ド・マルス公園、ウィーン万博とプラーター公園と、かつて万国博覧会が行われた場所は、もともと公園であるか、新しく開発された場合でも今

ロンドン万国博覧会 水晶宮　1851年

日公園として継承されていることが多い。このパターンは日本でも繰り返され、あくまで内国勧業博覧会ではあるものの、一八七七年（明治十）以降、第一回から第三回は上野公園で行われ、一八九五年（明治二十八）の第四回は京都・岡崎公園で行われた。

博覧会とは、公園を舞台とした壮大なパフォーマンスと位置付けることもできるだろう。そして、その一時的なパフォーマンスが博物館や美術館といった常設の施設に昇華されるのも、一つのパターンのようである。ハイド・パークより少し南のサウス・ケンジントンにある今日のヴィクトリア&アルバート博物館は、一八五一年のロンドン万博の収益によって開館したものである。日本においても、上野公園と岡崎公園はともに博物館や美術館が複数共存する場であるが、その源流は右のような内国勧業博覧会が催されたことによる。

このように、庭園ならびに公園とは、多様なもの——そこには人も含まれる——が蒐集・配置される場であり、その性質は時代とともに発展を遂げてきた。先に石がアーカイヴの元祖であると述べたが、こうした多様なものを蒐集・配置したもので、もっとも原初的であり、かつもっとも持続可能性を持つものこそ、複数の石を集めて構成した、ストーンヘンジや環状列石、そして、日本庭園における石組ではないだろうか。

こうした「アーカイヴの場としての庭」の究極として注目されるのが、ベルギーのポール・オトレ（一八六八—一九四四）によるムンダネウム計画である。

ポール・オトレとは、国際十進分類法の創始や、国際連盟設立への寄与などさまざまな業績を残した人物であり、今日では「情報学の父」ともされる。オトレは、早くから書物だけでなく新聞や写真イメージなどのあらゆる情報を蒐集する「ドキュメンテーション」の思想を提唱しており、一九一〇—二〇年代より、世界中の知識を集めた「ムンダネウム（Mundaneum）」という国際機関を構想する。そしてオトレは、建築家のル・コルビュジエとともに、ジュネーヴの、現在国際連合の位置するアリアナ公園にムンダネウムを設置する計画を制作する。そこでは、世界美術館、図書館、大学のほかにスタジアム、鉄道・道路などのインフラ設備が含まれており、そのヴィジョンは、世界の知識を蒐集したユートピアのごとき「庭」と言える。
結果、この計画は実現しなかったものの、ここでコルビュジエが構想したピラミッドのようなかたちをした世界美術館は「無限成長美術館」として、別の場所の計画に継承されてゆく。そのうちの一つの実現例が、上野公園にある国立西洋美術館である。

オトレの壮大な計画は、実空間においては実現しなかったものの、あらゆる知識を蒐集するシステムという点では、それからおよそ半世紀以上後に成立したインターネットにおいて実現されたと見ることもできるだろう。オトレが「情報学の父」と言われ、W《ワールド》W《ワイド》W《ウェブ》を予見していたと言われる所以である。

日本庭園の新しいアーカイヴへ

「プロミス・パーク・プロジェクト」の活動こそ、庭園アーカイヴ・プロジェクトの前身となったものである。「山口市の石アーカイヴ」ではいくつか日本庭園の石も取り上げていたが、制作を進めてゆく過程で、この手法を発展させれば日本庭園の新しいアーカイヴを開発できるのではないか、という構想が少しずつ芽生えていった。と同時に、それ以後、日本各地の庭園を訪れるなかで、日本庭園を記録すること、アーカイヴ化することを喫緊の課題と感じる機会が度々あった。

日本各地には優れた文化財が保存されているが、一方で、庭園や建築が種々の事情によって取り壊される事例は多い。当然ながら、文化的に価値のある庭園や建築を維持してゆくには費用がかかる。誰も維持できなくなってしまったとき、しばしばそこは取り壊され開発地として用いられる。たとえば、京都の町家建築は、京都の古い街並みをつくる重要な要素であるが、一日に二軒取り壊されているという。京町家にも壺庭など、日本庭園が併せてつくられるため、日本庭園も同時に取り壊されていることになる。まずは第一に、こうした貴重な庭園・建築の消失を食い止めることが課題である。が、同時に、それらの建築・庭園を記録することも重要である。いまあるものの記録をつくることで、その価値を知らしめ、それが失われないよう働きかけることもできるだろう。

また、第1章で見たように、庭園は徐々に変化してゆく。それゆえ、庭園の風景が数十年前と比べて大きく変化していることはよくある。さらには環境の変化によって、以前は生育していた植物が現在は育たなくなるということもある。そうしたとき、その庭園の過去の様子を知る手がかりは極めて限られており、ともすれば口承だけに頼らざるを得ない場合がある。

一方、昨今、文化のさまざまな場面で「アーカイヴ」が提唱されている。書籍や歴史資料、絵画などの美術品は、以前と比べると革命的にインターネット上で写真画像、情報を閲覧できるようになった。こうした固定したもの、動かないものの「デジタル・アーカイヴ」——この言葉は日本で生まれたという——はもちろん、一方で、パフォーミング・アーツなどの動くもののアーカイヴについてもさまざまな試みが行われている。たとえば、ロンドンのヴィクトリア&アルバート博物館にも演劇・パフォーマンスに関係する資料を担当する部門がある。パフォーミング・アーツに関するアーカイヴの基本は、台本や舞台美術の図像資料、小道具などを蒐集することにあるが、一方で、パフォーマンスそのものをアーカイヴ化する試みもある。たとえば、モーションキャプチャによって身体の動きをデジタル・アーカイヴ化する試みや、あるいは、ダンスの振付家本人が自作をアーカイヴし、他者に作品の核心を伝える方法を模索する「アーカイヴ・ボックス」という興味深い取り組みもある(『Archiving Dance: セミナー「ダンス・アーカイブの手法」報告書』)。このように文化のさまざまな分野で新しいアーカイヴの試みが模索されているなかで、日本庭園に関するアーカイヴは遅れをとっているように思われた。

日本庭園のこれまでのアーカイヴ

日本庭園に関するアーカイヴは、これまでどのようなものがつくられてきたか。

日本庭園に関する近代的なアーカイヴの嚆矢として位置付けられるのが、小澤圭次郎(一八四二―一九三二）による一連の研究である。第1章で述べたように、近代になると、江戸にあった多くの大名庭園が失われた。こうした状況を嘆き、一八八六年（明治十九）、小澤は東京師範学校教官を辞職し、日本庭園の研究をはじめる。小澤の業績は膨大なもので、庭園に関係する文書や図面を蒐集した「園林叢書」の編纂を晩年まで進めるほか、美術雑誌『国華』において一八九〇年（明治二十三）から十六年百四十一回に及んだ連載「園苑源流考」や「明治庭園記」（一九一五）など驚異的な量の執筆を行った。「明治庭園記」をはじめ小澤の著作では、当時、多くの日本庭園が破壊されてゆく様子が克明に綴られている。彼の蒐集した資料の多くは惜しくも焼失してしまったが、現在、約二百点が国立国会図書館に「小澤文庫」として所蔵されている。これらは、近代的な精神のもと構築された、日本庭園の最初のアーカイヴと位置付けて良く、今日なお当時の日本庭園の状況を知るための貴重な資料である。

もっとも、小澤の業績は一般においてはほとんど知られていないだろう。一般にもよく知られており、かつ、日本庭園のアーカイヴとしての金字塔は、第1章でも触れた、重森三玲による『日本庭園史図鑑』全二十四巻（有光社、一九三六―三九）ならびに『日本庭園史大系』全三十五巻（社会思想社、一九七一―七六）である。重森三玲は、幼少期から絵画、いけばな、茶道に勤しみ、もともと画家を志していたが、挫折の後、勅使河原《てしがわら》蒼風などとともに前衛いけばなの活動を行い、やがて日本庭園の研究をはじめる。そして、一九三六年（昭和十一）から三八年の三年間に、全国の二百四十三箇所の庭園の実測を行い、その調査結果を収録した『日本庭園史図鑑』全二十四巻を刊行した。昭和初期のこの大著は、日本庭園研究の基礎資料をなすものであった。さらに三玲は、一九七一年より長男・完途（一九二三―九二）とともに新たに百三十箇所の庭園の実測を行い『日本庭園史大系』全三十五巻を刊行している。もっとも、三玲は七五年に没しているため『大系』の刊行完了は死後である。ここには全国三百五十七箇所の庭園が収録されている。そのなかには、庭園の源流と位置付けられる大神神社の磐座から昭和の庭園も収録されており、三玲自身の作庭による庭園も含まれている。

『日本庭園史大系』では、それぞれの庭園のカラー、モノクロ写真のほか「作庭年代」「作者」「様式」「手法」「材料」「観賞」についての論考が収められ、最後に庭園の平面図として実測図が掲載されている。そのほか、庭園のスケッチや関係する図像資料も掲載されている。

なかでも庭園の平面図は目を引くものである。そこには庭園を上から俯瞰した視点で、石、池の形状、植物の位置と名称、庭園に面する建築が部分的に描かれている。庭園の構造を知るにあたって、これ以上の資料はない。また、この図面は絵画としても優れており、それ自体、鑑賞の対象になり得る。このとき庭園の実測にあたって用いられた手法は平板測量である。これは、三脚に取り付けられた平板に図紙を貼り付け、そこからアリダードと呼ばれる特殊な定規を用いて、各地点を図面上にプロットしてゆくものである。『日本庭園史大系』に収められている平面図は、一九三六―三八年に実測したものと、七一年以降に実測したものの両者が共存しているが、とくに、前者の実測は驚異的なペースで行われている。

こうした重森による精力的な調査の背景には、一九三四年に発生した室戸台風の影響がある。この台風は、死者・行方不明者約三千人、建物被害四十七万戸以上という甚大な被害をもたらしたが、同時に、庭園や公園の被害も大きかった。貴重な庭園が無残に損なわれる様子を目にして、三玲は庭園の記録をつくる必要性を強く感じたのである。先に触れた小澤もまた、近代において庭園が失われる状況から研究をはじめた。日本庭園の危機が、その研究、アーカイヴ構築を促したわけである。彼らの精神は、いくら見習っても見習い過ぎることはない。

今日においても『日本庭園史大系』全三十五巻を超える網羅的かつ充実した日本庭園の資料はない。一九九八年にCD-ROM版が発売されているが、今日それを視聴することはきわめて困難であり、やはり書物の方が時代を超えて活用されるアーカイヴのメディアであることが立証されていると言える。もちろん庭園の測量の手法も、平板測量の後、写真測量、そして三次元測量と技術が発達したほか、種々の試みがなされてきた。文化財保護の面から、各部署において、無数の庭園の平面図が作成されており、それらは精度においても桁違いに進歩している。が、こうした個別の研究成果を集成する点で、重森の業績を凌ぐものはいまのところ存在しない。

もう少し視点を変えてみれば、それが意図されていたか否かにかかわらず、日本庭園のアーカイヴと見なすことのできるものはさまざまな場面に見出される。

たとえば、写真集。これまでさまざまな写真家が庭園を撮影し、写真集が発行されてきた。駅などでしばしば見かける京都や奈良の庭園の写真も、人々に大きく訴求するものである。映像に関しても、さまざまな試みが行われてきた。テレビ番組やコマーシャルなども範疇に含めるなら、その数も相当数にのぼるだろう。あるいは、たとえば小津安二郎監督の映画「晩春」(一九四九)における龍安寺石庭のシーンなど、映画やドラマの撮影の場面として日本庭園が用いられることもある。同じ龍安寺石庭そのものを撮影した映像作品としては、映像作家・飯村隆彦が磯崎新とともに撮影した《間:竜安寺石庭の時/空間》(一九八九)がある。こうした事例は枚挙にいとまがない。

これらは今後、撮影者の意図を超えて、その庭園の過去を知るための重要なよすがとなってゆくだろう。右のような、これまで日本庭園に対して行われてきたさまざまな試みを踏まえるとともに、現代のさまざまなテクノロジーを用いることで、日本庭園のアーカイヴは進化させることができるように思われた。庭園のなかの比較的時間変化を被らない部分と、常に変化し続けてゆく部分の両者に着目し、日本庭園の多様な側面を動的かつ総合的に捉えたアーカイヴが実現できるのではないか。それも、ＹＣＡＭがさまざまな作品制作、研究を行うなかで蓄積してきたノウハウを用いることによって。

庭園アーカイヴ・プロジェクトの始動

こうした構想のもと、私をリーダーとし、ＹＣＡＭに所属する四者（伊藤隆之・高原文江・津田和俊・城一裕）とともに、日本庭園の新しいアーカイヴを開発する庭園アーカイヴ・プロジェクトを二〇一九年より開始した。

このプロジェクトの一つの目標は、現代のテクノロジーを駆使するかたちで、日本庭園の総合的なアーカイヴを構築し、それをウェブサイトとして公開することである。先に、過去の日本庭園のアーカイヴの試みを取り上げた。『日本庭園史大系』全三十五巻のような書籍はやはりアーカイヴとして強力である。しかし、書籍の場合、どうしてもある時点でその内容を固定してしまわなければならない。変化し続ける日本庭園を対象とするとき、それは苦肉の策でもある。庭の変化に合わせて、そのアーカイヴも変化できるような、更新可能性を

森の DNA 図鑑　https://special.ycam.jp/dna-of-forests/
開発・デザイン: KARAPPO Inc.

有したメディア。今日においては、その一つの形態がウェブサイトであろう。

プロジェクト始動にあたって一つの指針となったのが、ＹＣＡＭバイオ・リサーチが作成したウェブサイト「森のＤＮＡ図鑑」である。ＹＣＡＭは、二〇一五年に、バイオテクノロジーを扱うための機材や設備を備えたバイオ・ラボを国内の公共文化施設として初めて開設している。バイオテクノロジーの機材は、近年ますます安価になっており、比較的容易に設備を整えることが可能になっている。そこでは、ＹＣＡＭバイオ・リサーチとして、バイオテクノロジーを用いたさまざまなリサーチやワークショップが行われている。

ウェブサイト「森のＤＮＡ図鑑」はその成果物の一つである。そこでは、山口市の森を全方位カメラで撮影した画像が閲覧でき、その風景に、採取した植物サンプルのDNA解析結果が埋め込まれている。また、ほかにも、その場所で観察された動物や伝承などの情報を写真とテキストで参照できるとともに、録音された音源を聴くこともできる。

このように、ウェブサイト「森のDNA図鑑」は、森に潜む情報をバイオテクノロジーによって顕在化させ、それをウェブ上のVR空間に集積させ、擬似的に体験可能にするものである。庭園アーカイヴ・プロジェクトが目指すのは、こうした試みを日本庭園に応用・発展させるものと位置付けられる。

一方、先にも述べたように、近年は日本庭園を三次元測量、すなわち3Dスキャンを行う試みが各地でなされている。なかでも注目されるのは、京都工芸繊維大学 KYOTO Design Lab（以下 D-lab）が、スイス連邦工科大学チューリッヒ校（ETHZ）のクリストフ・ジロー氏による Landscape Visualization and Modeling Lab とともに進めている試みである。ジロー氏の研究室はランドスケープのデジタル・アーカイヴに力を入れており、二〇一五年に D-lab と共同し、京都の三つの庭園の3Dスキャンと三次元レコーディングを実施している（「日本庭園の風景と音の計測」）。その精細な3Dデータは誰もが驚くものであり、日本庭園を新たな視点から見直すことができる。

しかし、右の成果物は、ある時点の庭園の外形、音風景に特化したものである。また、3

Dデータを映像として書き出すことによって、鑑賞者がその3Dデータを視聴できる視点などはあらかじめ線形的に決められることになる。前章で見たように、日本庭園とは、さまざまな要素によって構成されており、また、そこは多くの可能性に開かれた場であり、そこで行われうる活動は多岐にわたる。右の取り組みをさらに発展させることで、日本庭園のもっと多くの側面を踏まえたアーカイヴが構築できるのではないだろうか。また、庭園の3Dデータも、映像として線形的に書き出すのではなく、人が庭のなかを自由に歩けるようなシステム、さらには、現実の庭のなかにいるよりももっと自由に視点を移動できるようなシステムのもと提示できることが望ましい。

改めて整理するならば、庭園アーカイヴ・プロジェクトの目的は、現代のテクノロジーを用いて日本庭園のなるべく多くの側面を範疇に入れたデータを取得し、それらを総合した新しいアーカイヴをウェブサイトとして公開することである。庭園の3Dデータ、園内の撮影・録音はもちろん、石や植物、水といった目に見えるレベルのものに限らず、YCAMバイオ・リサーチの知見を生かし、たとえば、水や土壌に生息する、目に見えない小さな生物の情報まで範囲に含めることはできないだろうか。そして、庭園の3Dデータをウェブ上で閲覧できるようにし、しかも、その各所に石や植物などさまざまな情報をプロットし、ユーザーがそれを選択すれば、その情報が表示される。そんなシステムの構築を目指しつつ、まずはそのプロトタイプを提示することを目的とした。それは、先に触れたベルギーのポール・オトレがムンダネウム計画において人類の知をあらゆる形式で蒐集しようとした手法・思想を、日本庭園に応用しようとすることとも位置付けられよう。

しかし、そのような営みははっきり言って、不可能への挑戦である。日本庭園は、刻一刻と変化してゆく。しかもそれは、ものによってはそれなりの広さを有している。そのような動き続ける庭園を、どのようにアーカイヴ化するのか。ある時点の風景を写真や映像に撮影したり、3Dスキャンを行ったとしても、それは直ちに変化してゆく。何をやっても、日本庭園のアーカイヴは不十分なものにならざるを得ない。たとえテクノロジーがどんなに進化したとしても、こうした試みは無謀でしかないだろう。しかし、そのような試みを行うことでこそ、日本庭園の本質、新たな様相が見えてくるのではないだろうか。

常栄寺庭園での試行錯誤

こうした意図のもと、まずはYCAMに近い常栄寺庭園を対象に、多様なデータを蒐集しながら試行錯誤をはじめた。常栄寺は山口市宮野下の涼山《すずみやま》南麓にある臨済宗東福寺派の寺院である。その庭園は「雪舟庭《せっしゅうてい》」として親しまれ、史跡及び名勝に指定され、山口市の観光名所の一つとなっている。水墨画家・禅僧の雪舟等楊（一四二〇―一五〇六?）は、一四五四

常栄寺庭園（山口市宮野下）

年（享徳三）頃、当時、山口を治めていた大内氏を頼って周防国へ移住しており、その後、一四六七年（応仁元）に、大内氏の遣明船に乗って明へ渡り、二年ほど滞在している。帰国後、雪舟は没するまで周防国に居住したという。こうした経緯から、山口には雪舟の作庭と伝えられる庭園が多く、山口市内にも十箇所の「伝雪舟庭」がある（白石直典『雪舟の庭』）。とは言え、これらを裏付ける資料があるわけではなく、あくまで伝承に過ぎない。

常栄寺庭園の姿は、創建当初よりかなり変化しているようである。それは結局のところ誰が作庭したのかも分からないし、それが世代を通して、どのように手が加えられていったのかもよく分からないのが実情である。常栄寺庭園のなかで注目されるのは、本堂建築と池の間にある枯山水の庭である。前章でも述べたように、通常、枯山水と言えば、白砂が敷かれ、そこに石が立てられる。しかし、ここでは芝生のなかにツツジやサツキとともに、石が点在する枯山水となっている。これは、もともと白砂が敷かれていたものの、それが維持されず芝生の庭になったためと言われている（高橋要一「常栄寺庭園」）。「白」の枯山水ではなく、「緑」の枯山水もまた目を引くものである。このように常栄寺庭園は、長い時間をかけた変化の蓄積の結果として、今日、特異な様相を呈していると言える。

また、庭園の北東に位置する四明池という池は、日本固有種のカエル・モリアオガエルの繁殖地として山口県指定天然記念物となっている。毎年夏になると、池のまわりの樹木に白い泡状の卵塊が観察できる。このように、生態系という観点からも、常栄寺庭園は興味深い対象である。

①レーザー・スキャナーによる3Dスキャン

まずは、この常栄寺庭園の3Dスキャンを行った。《パーク・アトラス》の「山口市の石アーカイヴ」ではフォトグラメトリによる3Dスキャンを行ったが、今回はレーザー・スキャナーを用いた。レーザー・スキャナーは、三脚に設置された装置からレーザーを多方向に照射し、対象物に反射させることで、その三次元座標を取得するものである。取得されるデータは三次元座標の点であり、スキャンと同時に撮影した写真から、そこに対象物の色がつ

常栄寺庭園 3D データ

けられる。こうした色付きの点が無数に集積することによって、点群からなる3Dデータが取得できる。

レーザー・スキャナーによるスキャンは、一箇所に機材を置いてしばらく待てばその空間のすべてがスキャンできるというものではない。ある一点からその空間にレーザーを照射して反射させるため、死角ができる場合は位置を変えなければならない。こうして複数箇所でスキャンしたデータを、後から一つの点群データに結合する。たとえば常栄寺庭園の場合、七十四箇所でスキャンを行っている。

もっとも、日本庭園に対してこうしたレーザー・スキャナーで点群データを取得するのは、本来の用途からは少し外れるようである。レーザー・スキャナーの用途は、建築や土木の現場、事故・犯罪現場など多岐にわたるが、基本的に確固たる対象に対して行うもので、植物や水といった庭園を構成する要素のスキャンには少々不向きではある。植物や水に対して3Dスキャンを行うと、樹木の場合は、その幹は比較的正確に形状をデータ化できるが、葉に関しては断片的なものにならざるを得ない。また、水に関しては、レーザー光を反射・屈折させるため、たとえそれが静的な池であっても水の形状をスキャンすることはできない。その代わりに、水に反射したものが池の底の点群データとして採られることになるため、まるでその庭園の地下に、上下反転した鏡の世界の庭園のようなものの残るデータとなる。

取得できた点群データは、データ量としてはそれなりに大きく何十GBにものぼる。どのような環境で視聴するかによるが、原理的にはこれを用いることで庭園の大方の形状を手に取るように詳細に見ることができる。庭園の石組の位置関係など、これまでは実測図やスケッチ、写真や映像によってしか把握できなかったが、これによって、一度スキャンしたデータに基づき、後から自在な方向から石組などの空間情報を確認することができ、また、実際の庭園では不可能な視点から風景を見ることもできる。たとえば、池の上のある地点から庭園を見渡すことも可能である。これは、池に船を浮かべた場合の視点に近いだろう。あるいは、あたかもドローンからの視点のように、任意の空中から見ることもできる。

こうした点群データが、目指すべき日本庭園の新しいアーカイヴの骨格となる。

②「長回し」撮影・録音

3Dスキャンと同時に定期的にはじめたのが、庭園の風景の定点映像撮影・録音である。これは文字通り、庭園の一箇所にカメラとマイクを設置し、その視点からの風景を、カメラもマイクも一切動かさずに撮影・録音するものである。録音にはアンビソニックスという、4chからなる立体録音を行っている。プロジェクトのなかではこれを「長回し」撮影・録音と呼んでいる。撮影は、庭園が一日のなかでもっとも時間的変化を被る日の出や日の入り、つまりマジック・アワーに実施している。

たとえば、二〇二一年七月十三日には、午前四時二十五分から六時二十一分までおよそ二時間にわたり撮影・録音を行った。映像は、冒頭のうちは真っ暗であるが、徐々に明るくなってゆく過程を視聴することができる。庭園そのものは、はっきり言ってほとんど動かない。池の水、石、芝生、ツツジやサツキ、そして樹木が明け方にかけて、じっと佇んでいるのが見えるだけである。時折、風が吹いたときには池の水面や樹木が揺れるほか、ごくたまに鳥が飛ぶのが認められる。音に関しては、冒頭は水の流れる音が聴こえるくらいだが、十二分二十秒あたりからヒグラシが鳴きはじめ、徐々に複数のヒグラシの鳴き声が重なってゆく。ところが四十七分あたりになると、ヒグラシの鳴き声はやみ、今度は鳥のさえずりが増えてくる。一日における庭園の時間変化をはっきりと見てとることができる。初めてこの「長回し」を試みたとき「まるで映画みたい」とプロジェクトメンバーで言い合っていた。まさしくそれは庭園という「舞台」において、鳥や虫たちがあらかじめ楽譜や振付に基づいて鳴き声を発したり飛び交う「上演」を行っているように感じられる光景である。

こうした現象は、何も庭園だけで起きていることではなく、当たり前のことではあるが、定点でストイックにそれなりの長さの撮影・録音を行うことによって、その当たり前のことを再認識することができる。庭園においてある地点にじっととどまり、そこで庭園の風景を視覚、聴覚はもちろん、その場所の香りをほのかに嗅ぎ、時には風を肌で感じながら、全身で体感することほど豊かな経験はない。しかし一方で、このようにある特定の視野に限定して撮影・録音をし、その庭園を部分的に切り出すことによって、ある範囲内の現象により集中できるという利点がある。園内に実際にとどまる場合、それだけその経験は豊かではあるが、いろいろなものが見え過ぎ、聴こえ過ぎてしまうのも事実である。

これらの撮影を季節を変えて定期的に継続してゆくことで、ある時期の一日のある時間帯のうちの時間変化が記録できるだけでなく、時期ごとの変化を見比べることもできる。二〇二一年一月十二日には、庭園全体に雪が積もった状態の撮影を行った。庭園全体が真っ白に変じただけでなく、春や夏の撮影と比べると庭全体がしーんと静まり、虫の音は全くなく、時折、鳥が鳴いたり、屋根に積もった雪がドサッと落ちる音がするくらいである。そして、

常栄寺庭園　2021年7月13日4:25－6:21

徐々に日が暮れるにつれて、雪の白がやがて青くなり、さらに黒くなってゆく過程を見てとることができる。

③ショート・ムービーの撮影

「長回し」の映像に対して、比較的短い映像、ショート・ムービーの撮影も行った。実はこれは当初は意図していないもので、レーザー・スキャナーによる3Dスキャンを行う傍ら、目にとまった虫や蛙をiPhoneで撮影したことからはじまった。先に述べたレーザー・スキャナーを用いるとき、一回のスキャンに一定時間（本プロジ

映像をYouTube上でご覧いただけます。

常栄寺庭園　2021 年 1 月 12 日　16:53 - 18:05

エクトではだいたい八分）がかかるが、その間、スキャナーの周囲にいると作業者本人もスキャンされてしまうため、スキャナーの三脚の下にとどまるか、あるいは死角に隠れ、自身の存在を消していなければならない。しかし、この制約のある状況は、逆に、普段見落としがちな庭園の細部の状況に目を向ける絶好の機会となる。そうしたなかではじめたのがショート・ムービーの撮影である。要するに、暇つぶしの副産物として生まれたものである。ほとんどすべての人がスマホを所有している今日にあっては、目新しいものを見かけたとき写真や映像

トノサマガエル *Pelophylax nigromaculatus*　2020年8月14日9:06

に撮ることは全くもって珍しいことではない。このショート・ムービーは「長回し」よりミクロな視点で、庭園におけるさまざまな「上演」をアーカイヴ化するものに位置付けられる。

④石、動植物の調査とDNAバーコーディング

庭園における骨格としての石、そこに生える草や花、樹木。それらの情報は、庭園を構成する要素の基本的な情報になる。とはいえ、こうした調査は、常栄寺庭園のような文化財に指定されている庭園であれば、すでに網羅的に行われていることが多い。常栄寺庭園の場合、一定の範囲内の植物を網羅的に調査する毎木調査が行われており、千二百二十七本の植物が名称、幹周、標高、樹形とともにリストアップされ、また、庭園の図面にその位置をプロットしたものが公開されている（『史跡及び名勝 常栄寺庭園 保存整備事業 報告書』）。石に関しては

地質調査を専門とする会社によって調査が行われている。ただ、庭園の石の調査に関して難しいのは、通常、ある石の種別を特定するには、その一部を削り取るなどして調査しなければならないが、庭園のような文化財の場合、一部を破損することになるため不可能な点である。そのため、庭園の石の調査に際しては、あくまでその表面から推定することになる。常栄寺庭園でのこうした調査結果も図面に落とし込まれており、岩石の種類としては泥質片岩が大半であることが判明している。

これらの既存の調査とは別に、庭園アーカイヴ・プロジェクトでは、YCAMバイオ・リサーチの手法を用いて、常栄寺庭園でDNA解析を行った。具体的には、園内の植物の葉や池の水を採取し、そのサンプルからメタバーコーディング調査を行った。とくに、池の水の調査は、その環境中に含まれるDNA（環境DNA）に対してメタバーコーディング解析を行うものであり、新しい情報である。この調査の興味深いところは、その時点で、その環境内に生息している生物、確認できる生物だけでなく、かつて、その環境内に過去に生息していたと思われる生物の情報も確認できる点である。

二〇一九年九月に行った調査では、動物（COI）に関しては、キクロプス目やミジンコといった微小な甲殻類、コガタクロウスカやフタバカゲロウといった昆虫、ドンコなどのDNAが確認され、植物（rbcL）については緑藻のクロロコックムが確認された。

真核生物（18S）に関しては、膨大な量にのぼるため、バーチャートやパイチャートによってその情報を閲覧することができる。リード数、すなわちDNAシーケンサーが読み取った配列数は八万一千六百七十五にのぼり、これに対してDNA解析を行ったところ、OTU（Operational Taxonomic Unit：ある一定以上の類似性——一般的には九十六—九十七％—―を持つ配列同士を一つとして扱うための操作上の分類単位）数は二百六十八、つまり、大方、二百六十八種類の真核生物のDNAが確認できたことが分かる。その内訳としては、SARスーパーグループと呼ばれる真核生物の系統群のものが五十五％近くにのぼり、オピストコンタが約二十四％、アーケプラスチダが約十九％となっている。これらはKronaと呼ばれるバイオインフォマティクスのツールによって界・門・綱・目・科・属・種の各レベルの存在割合を見ることができる。

と、このように書いても、データが膨大過ぎ、かつ日常の感覚からいささか乖離しているため、受け取りようがないというのが正直なところだろう。ここで大事なのは、庭園の見えないレベルにおいても、膨大な種類と数の生命が生息しているということである。このような情報が見えれば見えるほど、庭というものが、人間のためだけではなく、そのほかの生物のための場でもあることがより露わになってくる。

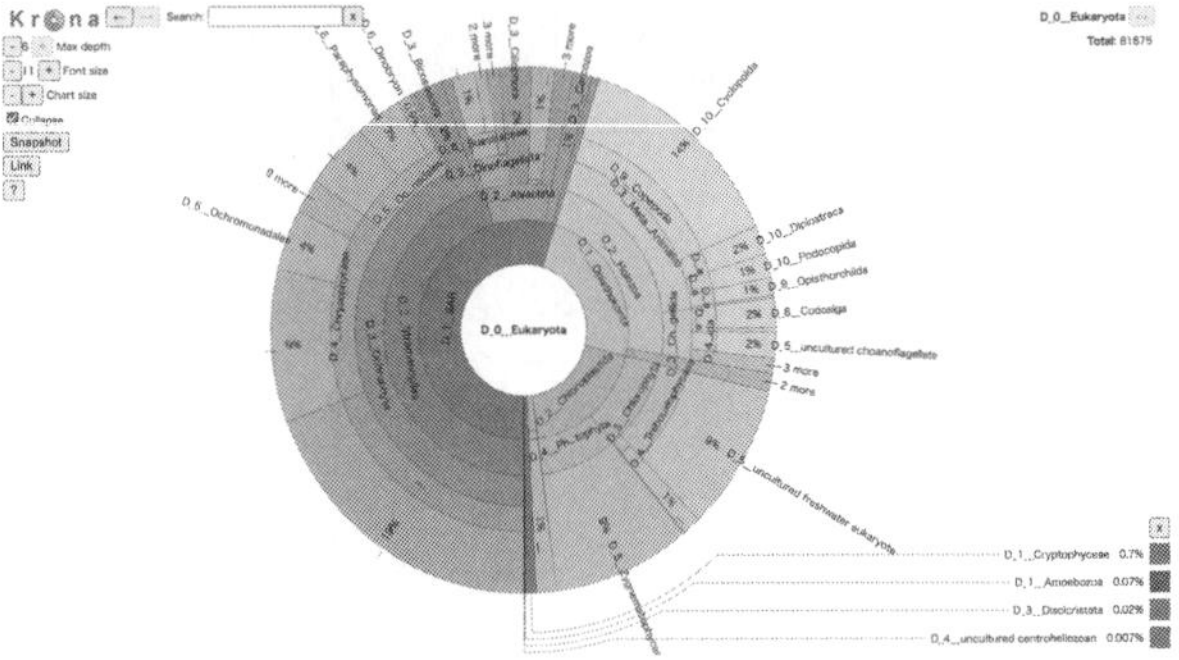

2019年9月17日に常栄寺庭園 心字池から採取した水のDNA解析結果　真核生物（18S）

⑤オーラル・アーカイヴ

このように庭園を構成する要素、そこで生じる現象をアーカイヴ化していく一方で、その庭園の読み解き、解釈の実例を収録すべく、専門家のインタビューを園内で直に行うことを試みた。

これまで収録を行ったのは、庭園の管理をしている造園会社の方や、石の調査を担当した鉱物専門の方、毎木調査を担当した樹木医の方、そして動物学者の方などである。それぞれ園内を実際に歩きながら、その各所において、庭園の手入れ、その石や植物がどのような種類のものであるか、園内にいる動物の生態系についての話を直に説明していただいている。これによって、これまで蒐集してきた一つ一つのデータが、一人の語り手によって接続されてゆく。たとえば、動物学者の田中浩氏（山口県立山口博物館学芸員）のインタビューでは、モリアオガエル、ヘビといった常栄寺

伊藤尚吾氏（有限会社 伊藤造園 代表取締役）によるオーラル・アーカイヴ 2020年3月17日

庭園内の生物たちの生態系の概略が語られている。園内でインタビューを行っているため、話が飛び飛びになることはあるが、庭園の位置に関連して即興的に話が生み出されていく臨場感を味わうことができる。また、同じ庭園でもそれぞれの専門を持つ方によって、そこから異なる情報が引き出されてゆく面白さもある。これらは、前章で述べた、庭を複数人でめぐる参加型パフォーマンスの一例とも言えよう。

ウェブサイトの開発

このようにさまざまなデータを収録してゆく一方で、徐々に、これらをどう総合しウェブサイトにまとめて公開するかを、先述の「森のＤＮＡ図鑑」のデザイン・開発を担当したKARAPPO Inc.の方々とともに検討しはじめた。

ウェブサイトを構築してゆくなかで議論となったのは、

さまざまなデータをどのように分類・整理するかであった。すでに見てきたように、プロジェクトで蒐集してきたデータには、庭園の風景や音、より細部に着目した石や植物、動物、DNAの解析データ、園内で収録したインタビューなど、さまざまであり、しかもその形式も静止画や動画が混在している。これらをどう整理するかが議論に一番時間を要したところであった。結果どのような分類になったかについては後述する。

種々のデータの整理法を検討するとともに、それらのデータをウェブ上の3Dデータにどう紐づけるか、さらにはこうした大きなサイズのデータをウェブ上にどのようにアップロードするかということ自体問題であったが、Potreeと呼ばれる優れたWebGLベースのオープンソースのレンダラー（描画システム）を利用することになった。このレンダラーは素晴らしく、数GBの点群データであっても全く「重さ」がなく、3Dデータをひゅんひゅんと動かすことができる。

庭園のデータの心地良さと気づき

このように種々のデータをウェブ上で整理する方法が明確になり、当初、夢想していたウェブサイトが技術的に実現されてゆくなかで、改めてこのウェブサイトの目指すところがどこにあるのかを自問していった。

ウェブサイトのために蒐集してきたデータは、3Dスキャナー、カメラ、マイクといったさまざまなメディア・テクノロジーを用いて庭園をデータ化したものである。「長回し」の撮影・録音を初めて行い、その映像と音源を視聴したときに感じたのは、単純にその心地良さであった。それは常栄寺庭園の静謐かつ豊饒な自然の環境によるものであり、また、優れた機材による4K画質、24bit、96kHz音質であることにもよるだろう。それは、庭園の擬似体験であるが、ある範囲に限られた情報であり、庭園にいるときとは異なる。先にも述べたように、庭園そのものの膨大な情報、現象からすれば、これらはごく一部の現象を切り出したものに過ぎない。私は初めて「長回し」の映像・音源を視聴したとき、うっとりと見入り、聴き入ってしまった。これらはBGMないしBGVとして活用できる、という実感があった。リラクゼーションのために海や山で録音した環境音を収録した音源はしばしばあるが、一つの風景をストイックに一切カメラを動かさず、固定で映像撮影したものは、意外にもあまり見当たらない。それを映像として完成させる場合、どうしてもカメラを動かしたり編集を加えることになる。しかしここでは、極力、何もしないことが目指される。そうすることで、庭のなかの微かな動きにより気づくことができる。

また、このようにさまざまなかたちで庭園のデータを蒐集してゆくなかで実感されたのは、データを蒐集してゆけばゆくほど、庭園の体験の解像度が上がってゆくことである。庭園は、それぞれ異なる自然石、植物などで構成されているため、その構造を記憶するのは困難であり、時間を要する。そうしたなか、３Ｄスキャンを行い、また、そのデータを操作するなかで、庭園のディテイルに触れる機会は多くなり、作業者におのずと庭園の構造が体得されてゆく。スキャンや「長回し」の撮影・録音を行う際は、一定時間じっとし、なるべく音を立てず自身の存在を消さなければならないが、この半ば瞑想のような時間は、じっくり庭園を体験するきっかけになる。また、iPhoneなどで撮影したショート・ムービーは、見慣れていた庭園のディテイルに「こんな生物もいたのか」と驚くきっかけにもなる。（最近は、トレイル・カメラも用いているため、夜に常栄寺庭園を訪れるイノシシやウサギ、アライグマといった生物の姿も捉えている。）

庭園のなかで生じるさまざまな気づきは、撮影・録音を行うときだけに生じるものではない。たとえば、ウシガエルがいると思ってショート・ムービーを撮影し、その後、その映像を見直したとき、別の虫が写り込んでいることもある。このように、ある一定範囲の庭園体験の解像度が事後的に上がることもある。しかし、これは同時に、アーカイヴをつくろうとすればするほど、日本庭園のアーカイヴがいかに不可能なものであるかが露わになるということでもある。

「庭の無意識的なもの」を露わにする

こうした経験を重ねていくなかで想起されるのは、ヴァルター・ベンヤミンが写真について述べた次のような古典的言説である。

カメラに語りかける自然は、肉眼に語りかける自然とは当然異なる。（中略）人間によって意識を織りこまれた空間の代わりに、無意識が織りこまれた空間が立ち現われるのである。（中略）こうした視覚における無意識的なものは、写真によってはじめて知られる。それは衝動における無意識的なものが、精神分析によってはじめて知られるのと同様である。

（「写真小史」（一九三一）久保哲司訳）

右ではカメラ、視覚についてのみ触れているが、それから九十年近くが経ち、さまざまなメディア・テクノロジーが発達する今日において露わになるのは、写真だけでなく、映像や3Dデータによるものや、あるいは視覚以外にも聴覚によるものなど多岐にわたるだろう。ベンヤミンはまた「絵とか、とりわけ彫刻とか、いわんや建築は、実際に見るよりも写真で見たほうが理解しやすい」とも記している。彫刻、建築とはともに三次元立体物である。そうしたものを「理解する」には、実際にその周囲から見るよりも、写真を用いた方が良いということである。もしベンヤミンが、３Ｄスキャンの技術がある時代に生きていたなら、その積極的意義についても論じていただろう。

庭園アーカイヴ・プロジェクトが目指す日本庭園の新しいアーカイヴとは、右のように庭園に対してさまざまなメディア・テクノロジーを用いて取得したデータを蒐集し、総合するものである。それは、「庭の無意識的なもの」を顕在化させ、蓄積してゆくものと考えることもできるだろう。

庭のように体験できるアーカイヴへ

こうしたことを鑑みるうちに、当初は夢想でしかなかった日本庭園の新しいアーカイヴのウェブサイトが技術的に実現してゆくに従い、逆に、機能を追求することだけが目的ではないのではないかと考えるようになった。単に庭園における膨大な要素からなる現象をデータ化し、それを分類し、総合し、閲覧できるようにするだけでは駄目なのではないか、と。

第１章で、さまざまな要素から構成される日本庭園が多様な用途に用いられる場であったことを見た。しかし、日本庭園の魅力の秘密は、そこがそのように多様に用いられる一方で、何事にも用いられずにいることもできる点にこそ、あるのではないだろうか。日本庭園を訪れると、建物の縁側などでぼんやりと庭園の風景をながめ、また、その音を聴いている光景がしばしば見られる。あるいは、庭園のなかを何気なしに何の目的もなくただぶらぶらめぐり歩く人もいる。最初はパンフレットや説明文などを読み、その情報に基づき目の前に見えているものを確認しようとするも、おのずとこのようになることがある。もちろんそれはリラックスの時間でもあり、何事にも用いられずにいること自体、一つの庭園の機能と捉えることもできるだろう。

日本庭園の新しいアーカイヴを開発するにあたっては、日本庭園のこうした側面にも学ばなければならないのではないか。当初は、日本庭園からさまざまなデータを取得し、それを一つのウェブサイトに総合して公開しようとしていたが、それが単にアーカイヴとしての機能だけに陥っては危険であり、それは痩せた思想のように思われてきた。

そもそもアーカイヴというものは、各々の専門性のもとにつくられる。

たとえば、情報デザインを専門とする渡邉英徳氏は「ナガサキ・アーカイブ」（二〇一〇）や「ヒロシマ・アーカイブ」（二〇一一）、「東日本大震災アーカイブ」（二〇一三）など、戦争や自然災害を被った地域の記憶を蒐集したアーカイヴを制作し、ウェブ上で公開している。たとえば「ヒロシマ・アーカイブ」では、Google Earth の空間内にサムネイルのついたプロットが配置され、顔写真がサムネイルのものをクリックすると、その方の被爆体験を語ったテキストやインタビュー動画を視聴することができる。これらのプロットは、それぞれの方が被爆した地点に配置されている。また、風景写真がサムネイルのものをクリックすると、原爆投下直後の風景写真が表示され、Google Earth の3Dデータもその写真と同じ画角で表示される。

渡邉氏はこれらのアーカイヴにおいて、すべての資料が一括に表示され、ユーザーが全体の概要と個別の資料間の位置関係をともに把握できることを強調している（『データを紡いで社会につなぐ』）。氏がこれと比較するのは、広島平和記念資料館が公開している「平和データベース」である。そこでは、広島原爆に関わる被爆資料や写真、絵画、被爆者の証言ビデオや芸術作品や文献資料などが網羅的にまとめられている。多くのデジタル・アーカイヴと同じように、各資料は分類され、ツリー構造のリストとしてまとめられている。トップには検索機能があり、ユーザーはそこでキーワード検索をするか、地域や分類からリストにたどり着き、各資料を閲覧する。渡邉氏は、こうしたツリー構造のアーカイヴは、個々の資料を探索しにくく、また、資料同士のつながりがつかみづらいところが弱点だと指摘している。資料についてあらかじめ知識のある人であれば、検索機能や分類機能は有意義に活用できるだろうが、予備知識のない人、そのアーカイヴの全体像を把握していない人が活用するにはハードルがあるということである。

日本庭園とは、開かれた場である。そこにはさまざまな要素が混在しているが、人はそこを何気なくめぐり歩くことができ、何かに注目することもできれば、逆に、ただ何もせずぼんやりと体験することもできる。また、特別な知識がなくとも、そこにあるさまざまな要素、そこで生じているさまざまな現象を享受することができる。そうした懐の広さを庭は有しており、庭園アーカイヴ・プロジェクトがつくる日本庭園の新しいアーカイヴのウェブサイトも、同様の性質を持つことが望まれる。そこでは庭園の３Ｄ点群データが基本骨格となるため、「ヒロシマ・アーカイブ」のように、３Ｄ空間上に各情報をプロットすることで、それぞれの位置関係は明快になるだろう。ユーザーが自由に３Ｄデータを操作し、それぞれ気になったプロットを選び、参照する。そのとき、実際の庭のように、知識なしでも享受できること、楽しめることが理想である。同時に、庭にいるときのような心地よさ、あるいは、庭にいるとき、ただぶらぶら歩いたり、座ってぼーっとしているような、無目的の利用を可能にすることが目指される。

要するに、日本庭園を対象とするアーカイヴであれば、それは単に「使える」アーカイヴであるだけでなく、それ自体が「庭のように」心地よく、ぼんやりと体験できるものである必要があるということである。それは、「遊べる」アーカイヴを目指すということでもある。３Ｄデータ上を自由にコントローラーで移動してゆくのは、ゲーム的な感覚もあるだろう。

そうすることでこそ、より息の長いアーカイヴが実現できるのではないか。

「Incomplete Niwa Archives 終らない庭のアーカイヴ」という名称

こうしたプロセスのもと、新しく開発し、公開したウェブサイトが「Incomplete Niwa Archives 終らない庭のアーカイヴ」（以下「ＩＮＡ」）である。まず、ここではこのタイトルについて説明する。

〝Incomplete〟とは、未完成、未熟といった意味である。日本庭園は常に変化し続ける。日本庭園において「完成」とは、他の有形の文化財、芸術作品に比べて、単純に指定できるものではない。たとえば、建築、あるいは絵画や映画、音楽といった芸術作品は、基本的にはつくられた時点が「完成」である。それは、そこから時間をかけることで古び、朽ちてゆき、少しずつ価値が下がってゆく。それに対して、庭園の場合、作庭の作業が完了したときが「完成」ではない。作庭した時点ではまだ未熟であり、そこから時間をかけて変化してゆくことで、庭園は価値を上げてゆく。日本庭園は作庭されてから百年かからないと完成しない、と言う人もいる。要するに、日本庭園には「完成」はない。（もっとも、次章で触れるように、古美術や伝統芸能などの世界では、経年変化していること、老いることが価値とされ、日本庭園はこれらに近い性質を有している。）

そして、そのことがアーカイヴ化を困難にする。もし日本庭園に「完成」があれば、その時点をアーカイヴ化することで大方の目的は果たされるだろうが、実際にはそうはいかない。よって、このように「完成」のない変化し続ける庭園のアーカイヴ化という行為そのものにも「完成」はなく、常に不十分なものにならざるを得ない。そして、先に述べたように、その不可能なアーカイヴ自体が「庭のような」ものであることが目指された。こうした背景からできたのが「Incomplete Niwa Archives 終らない庭のアーカイヴ」というタイトルである。

言うまでもなくこのタイトルは、前章末尾で触れた三島由紀夫の「終らない庭」という言葉を踏まえている。〝Incomplete〟と「終らない」は訳語ではなく、英語タイトルと日本語タイトルで厳密には意味するところは異なる。また〝Incomplete〟と「終らない」は〝Niwa〟「庭」だけでなく〝Archives〟「アーカイヴ」にもかかる。要するに、庭が完成がなく常に未完のものであり、終らないものであるとともに、そのアーカイヴもまた常に未完のもの、かつ終らないものであることを示している。つまり、日本庭園のアーカイヴが無謀な試みであることを明示している。〝Incomplete〟という一見否定的な言葉を頭に掲げるのは、「枯山水」のように、山水であるけれども「枯れている」という矛盾を持つ名称と似通うところがあるだろう。

京都・無鄰菴庭園

ウェブサイト「ＩＮＡ」では、三つの日本庭園を対象としている。一つは先にも触れた山口・常栄寺庭園であり、残りの二つは京都・無鄰菴庭園、同・龍源院《りょうげんいん》庭園である。

第1章でも触れたが、無鄰菴は第三代および九代・内閣総理大臣もつとめた山縣有朋の元別邸であり、作庭は七代目・小川治兵衛による。その庭園は、近代庭園の濫觴とされるが、そうした革新性は今日にも引き継がれているように思われる。

現在、無鄰菴は、植彌加藤造園株式会社の指定管理となっている。ウェブサイトをご覧いただければ一目瞭然のように、無鄰菴ではさまざまな工夫を凝らした活動が展開されている。母屋では、優れた庭園カフェが営まれており、京都のなかでも穴場カフェとなっている。また、茶道や香道、あるいは能楽に関わるイベントもあれば、美術品の展示が行われることもあり、実際に庭の手入れに参加するワークショップもある。また、「フォスタリング・メンバーズ」という、ともに無鄰菴を「育む」ことをコンセプトとした無料会員制度に加入すれば、メールマガジンなどの情報が定期的に届くほか、交流会に参加することができる。そのほかにも季刊冊子を発行したり、入園チケットに山縣有朋の言葉を印刷するなど、随所に工夫が凝らされており、庭園の体験を最大限に豊かにしている。また、園内の洋館一階には、庭園についての詳しい解説展示もある。庭園管理にあたっても、往時の写真資料を研究することによって過去の庭園の状況を調査し、それを庭園管理に生かすといった画期的な試みも行われている（加藤友規ほか「山縣有朋記念館所蔵の古写真に見る往時の無鄰菴庭園に関する研究」）。二つ目の対象として無鄰菴庭園を選んだ背景には、この庭園で受け継がれているこうした革新性に学びたいという思いもあった。

庭園アーカイヴ・プロジェクトでは、基本的に一つの庭園に対して、3Dスキャンはさまざまな制約からも一回しか行わない方針でいた。それゆえ、常栄寺庭園などは、夏頃が一番見どころの多い時期であるので、その3Dデータ一種類を用いる方針であった。

しかし、無鄰菴庭園は、とくに植物の要素の大きい庭園である。そこに庭石はあるものの、第1章でも述べたように、庭園の中心エリアの石はあまり立てられず、むしろ伏せられている。こうした手法が無鄰菴庭園の新しいところであった。それゆえ季節ごとの印象は大きく変わる。そこで、無鄰菴では、瑞々しい緑の豊かな夏の六月と、冬になり庭園全体が枯れ、容積的にも縮小した十二月の二回スキャンを行うことにした。ところが、十二月のスキャンの際、二日目より雪が積もったことにより、期せずして雪化粧の無鄰菴の3Dスキャンをすることができた。そのため、ウェブサイト「ＩＮＡ」でも、無鄰菴のみは、夏、冬、雪化粧の三バージョンの3Dデータを公開している。そのほかにも、常栄寺庭園と同じく、「長回

無鄰菴庭園　夏（2020年6月20－24日）雪（2020年12月17－18日）
映像作品《無鄰菴 点群》より

し」撮影・録音や、水のDNA解析調査などを行った。

京都・龍源院庭園

もう一つは京都・龍源院庭園である。龍源院は臨済宗大徳寺の数ある塔頭《たっちゅう》のうち最古のもので、一五〇二年（文亀二）の建立と伝えられている。

三つ目の対象とする庭園をどこにするかについては、少々逡巡があった。常栄寺庭園は池泉回遊式庭園、無鄰菴庭園は近代の庭園である。たった三年の間で、日本庭園の新しいアーカイヴのプロトタイプを開発するにあたって、なるべく様式の異なる庭園を対象にすることが望ましい。そこで、三つ目の庭園としては、枯山水庭園を対象にできないかと考えていた。

龍源院庭園には優れた枯山水庭園が複数存在している。釈迦如来を本尊とする方丈の北側の竜吟庭《りょうぎんてい》は室町時代の作とされ、一面の苔に三尊石組からなる須弥山の立つ枯山水庭園となっている。

方丈の東側には東滴壺《とうてきこ》という、重森三玲の弟子であった鍋島岳生《がくしょう》によって一九五八年（昭和三十三）に作庭された壺庭がある。1・8m×7・7mほどの長方形の白砂の庭に、五つの石が配置された極めてシンプルな壺庭で「日本一小さな壺庭」と言われている。その名の通り、世界の深淵に落ちる滴を凝固させたかのような庭であり、案内にも書かれているが、

龍源院（京都市北区）　一枝坦

まさに「吸い込まれる」ような魅力を持つ枯山水庭園の傑作である。

方丈の南側はもっとも広い面積を有する庭で、一枝《いっし》坦《だん》と呼ばれている。長方形の白砂の庭の中央には、楕円形の苔のエリアに石を立てた亀島、向かって上手端には二つの石からなる鶴島があり、その間の奥には、背の高い大きな石による蓬萊山がある。縁に出て視界が開けこの庭に対面したとき、多くの人は感嘆する。この庭は一九八〇年（昭和五十五）に、先代の細合《ほそあい》喝堂《かつどう》和尚によって作庭されたものである。

枯山水庭園は白砂と石を主に用いる庭園であり、植栽は極めて少なく構成されるため、３Dスキャンも比較的容易であった。もちろん、苔や植栽は季節とともに色合いを変えるが、対象とした三つの庭園のうち、もっとも時間変化の

龍源院　東滴壺　2021 年 7 月 11 日 11:06 - 13:25

小さいものと言える。

また、併せて右の東滴壺の「長回し」撮影を行った。東滴壺の上部には、方丈の屋根と隣接する庫裡《くり》の屋根の隙間がちょうどあり、晴れた日にはその隙間を通る光が壺庭を部分的に照らす。その光は、季節によって壺庭をはみ出るが、毎年、七月頃、壺庭にちょうど収まるという。そして、その光は一日の時間の推移とともに西から東へとゆっくり移動してゆく。その様子はまるで、天がじっくりと壺庭をスキャンないしコピーしようとしているようにも見える。

住職・東文洋氏のご教示のもと、この光の推移の「長回し」撮影を行った。その長さはおよそ二時間二十分に及ぶが、その間、光が少しずつ東滴壺の西端から東端まで移動してゆくプロセスを撮影することができた。自然光であるため、雲の運行によって光の輝度が変わったり光が見えなくなったりする。鍋島岳生は、当初からこの現象を予期していたのだろうか。

ウェブサイト「Incomplete Niwa Archives 終らない庭のアーカイヴ」の構造と更新可能性

先にも述べたように、ウェブサイト「ＩＮＡ」では、常栄寺庭園と京都・無鄰菴庭園、龍源院庭園の三つのアーカイヴを公開している。アーカイヴ・ページでは庭園の３Ｄ点群データが表示され、ユーザーはこれをマウスでドラッグしたり、コントロールパネルを用いることで、自由に視点を移動させることができる。また、３Ｄ上には多数のプロットが打たれており、これらをクリックすることで、一つ一つのデータが閲覧できる。（※以下、162—163頁参照）

対象となる庭園の情報、アーカイヴのデータは画面右のリストに格納されており、大きくOutlines、Viewpoints、Elementsの三つに分かれている。Outlinesには、対象となる庭園とアーカイヴの基本情報が収められている。ViewpointsとElementsは、３Ｄデータ上のプロットと紐づいたデータ群で、ここでは「アノテーション」と呼んでいる。これらは３Ｄデータのプロットから参照することも、リストから参照することもできる。Viewpoints と Elements は先に触れたデータ分類の議論の上、設置したカテゴリーで、前者は一般的な庭への視点、つまり庭を歩くなかで風景をながめたり写真を撮ったりするときの視点であり、比較的引いた視点、マクロな視点である。それに対して後者は、庭園の各要素にもう少し寄った比較的ミクロな視点である。各データの視覚情報、すなわち静止画や動画を選択して閲覧するとき、3Dデータもそれに近い画角で表示される。これによって、過去の図面や古写真などと、現在の庭園の様子を見比べることができる。

また、このウェブサイトでは Tour Modes という自動回遊モードを設けている。Tour Modes の Ramble Tour は――"Ramble" とは「ぶらつく」という意味である――庭園の各アノテーションをランダムに移動してゆく。これによって、Ramble Tour に設定してほうっておくと、ブラウザ上で勝手に庭園の3Dデータを移動しながら、その各所のデータを表示し続ける。この移動はランダムなので、モードを切らない限り「終り」なく続く。これを用いることで、ウェブサイト「INA」そのものをBGMやBGVとして使用することができるだろう。

ウェブサイト「Incomplete Niwa Archives 終らない庭のアーカイヴ」の構造

https://special.ycam.jp/niwa/

Outlines

History：庭園の歴史の概略や参考文献。

Plans：これまでに作成された庭園の図面。

3D Data：ウェブサイトで使用している３D点群データの概略。

Viewpoints

Still Images：庭園の風景の古写真や絵画。

Movies：「長回し」などの庭園の風景の映像。

Elements

Stones：石の情報。

Plants：植物の情報。

Creatures：動物の情報。

Artifacts：建物や灯籠などの人工物の情報。

DNA Data：水の環境 DNA の解析結果。

Oral Archives：園内でさまざまな専門家に対して行ったインタビュー動画。

Tour Modes：自動回遊モード。

Guided Tour：庭園とアーカイヴの全体像を把握できるよう、各カテゴリーのアノテーションを一つずつ自動で移動する。

Ramble Tour：庭園の各アノテーションをランダムに移動してゆく。

Sounds：Movies に掲載されている「長回し」映像の音源。

＊各アノテーションはタグによって選択表示可能。

開発・デザイン：KARAPPO Inc.

上：Plans　中：Movies　下：Creatures

Viewpoints のデータ、ならびに Elements の Stones、Plants、Creatures、Artifacts、Oral Archives のアノテーションの情報は、プログラミングのスキルがなくとも更新できる仕組みになっている。これらのアノテーションはすべて対応する Google スプレッドシートのリストに集約されており、そこにアノテーションの名称、3D上の地点、テキスト情報、データリンク、データカテゴリー、日時、タグなどの情報が掲載されている。このリストを加筆・修正することで「INA」に掲載されているデータが更新される。このように、庭園の変化に合わせて新たにデータを取得した際、それをアップロードすることで、ウェブもまた変化させることができる。庭の「終らない」変化に合わせて、このウェブサイトも「終り」なく変化してゆく。

日本庭園のアーカイヴを展示する

「INA」とは、ウェブサイトとしての「庭についての新しい庭」である。

ところで、ウェブサイトは、端末とネット環境さえあればどこでも閲覧することができる。しかし、プロジェクトで蒐集してきたデータを実空間に設置することで、インスタレーション、それも「庭のような」インスタレーションを展開する可能性もあるだろう。そこで、右のウェブサイトの公開と同時に、活動の主な拠点であるYCAMにて、常栄寺庭園のアーカイヴを素材としたインスタレーションの制作と展示を行うことになった。

日本庭園から蒐集したアーカイヴのデータを実空間に設置するにあたっては、具体的な場所との関係、また、それを体験する身体の関係を考慮しなければならない。ウェブサイト「ＩＮＡ」では「ぼんやりと体験できるアーカイヴ」を目指していたが、それを実空間のインスタレーションで実現するにはどうしたら良いか。それは、日本庭園というものの体験を一度解体し、それを再構築することにもなるだろう。

こうした課題に取り組むにあたって、新たなコラボレーターとして、近年、身体性やパフォーマンスをキーワードに建築の分野で活躍している建築スタジオ ALTEMY（代表・津川恵理氏）を迎ええた。

「庭をながめる」とは？

右のようなインスタレーションの手法を模索するなかでキーワードとなったのは、「ながめる」という行為であった。

たとえば龍安寺石庭のような枯山水庭園において、縁側に人々が座り込み、ぼーっとその庭をながめている様子はよく見られる。縁側とは、文字通りに建築の縁《へり》であり、そこは建築と庭の境界と言える。以前から私は、人はそこで何に目を向け、何を考えているのか、という疑問を持っていた。龍安寺石庭など最たるものであるが、白砂の上に配置された十五個の石からなるその庭は、それ自体が謎である。その石組は「虎の子渡し」と説明されるほか、多くの解釈がこれまでなされてきたが（たとえば細野透『謎深き庭 龍安寺石庭』）、この庭は、一意的に解釈が定められるものではない。むしろ、そのような多数の解釈を生み出しうるほど汲み尽くせない深み、絶妙な構成を有していることにこそ注目すべきだろう。

ところで、現代語の「ながめる」は古語の「ながむ」に相当するが、「ながむ」とは不思議な言葉である。「ながむ」の「なが」は「長い」から来ているらしく、文字通りに「長目」を語源とする説もある。今日「ながめる」というと、ある風景に漠然と長時間かけて目を向けることを指し、そこに「ぼんやりと物思いにふける」という意味が加わることもある。古語の「ながむ」はこれと同様の意味を持つが、もう一つ、詩歌を詠むこと、声を長引かせて詩歌を吟じることとも言った。和歌などではしばしば「ながめ」が「長雨」と掛詞《かけことば》にされる。「ながめる」について考究してゆくなかで参考になったのは、臨床心理学者・上田琢哉氏の研究である。氏は、臨床心理学の立場から、ある対象を集中的に分析してゆく「見る」意識に対して、対象を分析しないまま漫然と全体的に捉える「ながめる」意識の積極性を説いている。このことを、上田氏は、箱庭療法の事例から導き出している。氏は「ながめる」について以下のように述べる。

それは「分離し、はっきりさせる」という意識態度ではないが、精神科の診断レベルでいう混濁やもうろう状態などとはまったく異なるものである。むしろある面ではぼんやりした状態とクリアな状態とを同時に保持しているような不思議な状態と言えよう。

（上田琢哉『「見る」意識と「眺める」意識』）

縁側でぼんやりと庭をながめること。それは、目の前の風景に目を向けてはいるが、分析的・集中的に「見る」のではなく、その全体を漫然と捉えており、かつ、同時にほかのことに考えをめぐらし、詩歌などに昇華されることもある。それは、その場でなくともできそうにも思えるが、しかし、その風景に目を向けていないと起き得ないことである。右に記されているように、「ながめる」とは不思議な二重の状態である。

上田氏は、この「ながめる」を宮本武蔵が『五輪書』で述べている「観の目」――それは、遠いものを近くに見、近いものを遠くに見るという――に接続するなど、刺激的な論を展開しており、そのなかで日本文化の各所に見られる石を取り上げ、龍安寺石庭にも触れている。そして、庭園の石とは「「意味を問わないでくれ」という不思議なシンボル」だとし、龍安寺石庭について次のように述べている。

私たちは、お金を払って無自性の背景にある存在感を感じに行っているのである。そして、無自性の背景にある存在感は、意味分節的に「見」てはわからない。ただ座って「眺め」るほかないのである。わが国の庭において石が主役であることは間違いないが、その石は、配置を象徴的に解釈したり、芸術性を云々するより、「黙って眺める」ためのものと考えた方がわかりやすいのではないだろうか。

（同）

龍安寺石庭において人が「ただ座って「眺め」るほかない」要因はさまざまに考えられるが、一つには、そこが非整形式、非遠近法的な構成を有しているからではないだろうか。前章末尾でも触れたヴェルサイユ庭園のような西洋の整形式庭園とは、遠近法によって構成されており、その消失点こそ、王者、具体的にはルイ十四世による至高の視点になる。もちろん、それ以外の場所からも人はその庭園に目を向けることはできるが、庭園全体は、その至高の視点を念頭に置いて構成されている。整形式庭園とは「見る」ための庭と言うことができるかもしれない。

対して、日本庭園のような非整形式、非遠近法的な空間においては、そのような至高の視点はない。もちろん、寝殿造庭園であれば、寝殿が最高位の視点であるし、池泉回遊式庭園であっても、視界の良い地点はいくつかある。が、かと言って、そこからの視点を念頭に置いてすべての要素が構成されているわけではない。程度の差こそあれ、そこで見えるのは庭園の一部である。

龍安寺石庭は、どの位置から目を向けても、十五個の石すべてを視界に入れることはできないとされる。そのことは、この庭が一意的に解釈できないことと通底しているように思われる。白砂のエリアが長方形という整形であるために、その庭園に対する縁側の中央こそが至高の視点であるようにも感じられるが、そこに立ったとき十五の石すべてを視界に収めることはできない。しかも、その一つの石に集中的に見ても、自然石があるだけである。

人が海や山の風景をながめるのは、それが「見る」ことが難しいからではないだろうか。眺望が開けていればいるほど多くの対象を視野に収めることができるが、その一つ一つの要素、たとえば海であれば波、山であれば木を集中的に「見る」ことはもはやできない。ただ、全体を漫然と視野に入れることしかできない。その現象の縮小版が、庭園においても生じる。

このように、日本庭園とは、そこを訪れた人に、「見る」のではなく、「ながめる」ことを促すような空間構成がなされていると考えられる。日本庭園のアーカイヴをインスタレーションとして展開するにあたって、こうした点を存分に踏まえることが目指された。

インスタレーション・ヴァージョン《Incomplete Niwa Archives 終らない庭のアーカイヴ》

最終的に、インスタレーションは、ＹＣＡＭ一階ホワイエと二階ギャラリーをつなぐ大階段に設置した。先に述べたように、庭園をながめる定番スポットの一つが縁側であるわけだが、階段とは、縁側をずらして段状に重ねたものと捉えることもできる。階段は、通常、上下間を移動するものだが、そこは劇場客席のように、段状の座席として用いられることもある。

大階段の踏面は３００㎜であり、そこに１５０㎜×１５０㎜の正方形を底面とし、高さの異なる直方体のウレタンユニットを計七百六十四個設置することで、大階段に寄生する島のような物体を制作した。それは一見角張って堅そうだが、触れてみると柔らかい。そして、その上部に、九つの映像モニターを吊り下げた。それぞれの映像モニターは、階段の斜面に対して平行に吊ってあるがサイズは一律ではない。その配置は、庭園の石組を模しているようにも見えるだろう。また、九つの映像モニターのエリアの四隅にスピーカーを四つ吊り下げた。また、大階段を上り切った二階ギャラリーにも一つ映像モニターを吊り下げ、ウレタン座具に寄りかかりながらウェブサイト「ＩＮＡ」を視聴できるコーナーを設けた。

映像モニターの高さは、階段に立って見上げれば少々近過ぎ、階段に座って見上げると

インスタレーション・ヴァージョン《Incomplete Niwa Archives 終らない庭のアーカイヴ》2021年
空間デザイン：ALTEMY　プログラミング：白木良
撮影：山中慎太郎（Qsyum!）　写真提供：山口情報芸術センター［YCAM］

少々遠過ぎ、ウレタン座具に上体を寝かせたとき、ちょうど良い距離になるように設定されている。鑑賞者は各々ウレタン座具の任意の位置に上体を寝かせて、その上に見えるモニターの映像をながめ、また、四つのスピーカーからの音を聴く。モニターには、それぞれ映像が表示されるが、鑑賞者は基本的にそのうちの一つの映像モニターしか視聴することはできない。九つのモニターは互いに平行に配置されているものの、すべてのモニターを同時に視聴することはできない。二つ以上のモニターの映像を同時に視聴しようとすると、単にそれらを視野に入れているだけで、おのずとぼーっとながめることになる。

九つのモニターには、まず常栄寺庭園の「長回し」映像が表示される。しかし、それぞれ再生される時間は異なる。先述のように「長回し」はマジックアワーに撮影しているため、再生される時間が異なれば、庭園の明るさも異なる。そのため九つの映像モニターには、同じ画角であるものの明るさの異なる風景が表示される。

それらが徐々に庭園の3D点群データにうつりかわる。そのとき3Dデータの画角は「長回し」の映像に合わせているため、現実の庭園の風景が、いつの間にか3Dデータに切り替わったかのような印象を与える（口絵参照）。最初、それぞれの3Dデータは同じ画角だが、やがてそれぞれの視点がゆっくり異なる移動をしはじめ、庭園の各所をめぐってゆく。この移動は、ウェブサイト「ＩＮＡ」のショート・ムービーの位置情報に基づくもので、園内の

点群データの移動とショート・ムービー

ショート・ムービーを撮影した箇所に移動すると、そこで撮影されたショート・ムービーを束の間、再生し、また3Dデータに戻り、園内の移動をし続ける。この移動を五回ほど行ったところで、また別の「長回し」映像に戻る。

この「長回し」映像にはじまり、3Dデータを周遊し、また次の「長回し」映像に戻るまでの時間は、およそ約六分半である。これが一回のパターンで、インスタレーション《INA》では、これが九つのモニターでそれぞれ同期しながら連続的に繰り返されてゆく。「長回し」映像はランダムに選択され、また、園内を移動する経路、そこで再生されるショート・ムービーもまた毎回異なる。（QRのリンク先では、一つの映像モニターに再生される映像を公開しているため参照されたい。）

こうしてインスタレーション・ヴァージョン《INA》では、九つのモニターと四つのスピーカーによって、一つの庭園で起きた現象が、異なる視点、異なる時間で再生される。刻一刻と変化してゆく庭。そこにいるとき、目の前で起きている「いま・ここ」の現象に二つとして同じものはなく、それを見直すことはできない。しかし、そのアーカイヴをこのように再生することで、鑑賞者は、庭園を多時間的かつ多視点的に視聴することになる。それは、庭園を時間の束縛から解放することとも言えよう。

「集団の夢の庭」――吊り下げられた庭のアーカイヴ

インスタレーション・ヴァージョン《INA》は、実空間における「庭についての新しい庭」の試みである。その制作は、日本庭園の成り立ちを、モデルを用いてシミュレーションすることに相当する。日本庭園というあまりに多くの要素から構成されるものを一度バラバラにして、そのごく一部分を組み立てること。もちろん、日本庭園の複雑なシステムに比べれば、《INA》は極めて単純なものである。しかし、そのようなモデルを用いることで、言わば、積み木でモデルを組み立てて思考するように、日本庭園がどのように構築されているかを学びとることができる。

《INA》は、きわめて静謐なインスタレーションである。音にしても、庭園で聴こえる自然音が再生されるだけである。また、映像も3Dデータがゆっくりと動き、時折、庭園での虫や鳥の様子が再生されるだけで、全体を通して、決して「派手」なインスタレーションではない。何か「主張」のある展示と言うよりも、アンビエント・ミュージックのような趣向に近いものと言えよう。制作サイドでは「ずっとながめていられる」「ずっと聴いていられる」と言い合っていた。

記録によれば、展示期間四カ月の間、約六千人がインスタレーションを体験し、多くの人々が、そこで常栄寺庭園のアーカイヴを「ぼんやりと体験」し、なかには長時間体験し続ける人やそのまま眠る人もいたという。ウレタンの座具は、子供たちの好奇心を誘うらしく、そこにダイヴして遊ぼうとする子供も多かったようである。また、モニターに表示されるさまざまな生物の映像も子供たちの興味をかき立てていたらしい。

《INA》は一つの睡眠装置とも言えるだろう。先に、ウェブサイト「INA」とは、種々のメディア・テクノロジーによって切り出される「庭の無意識的なもの」を蒐集し、それらを総合したものだと述べた。「庭の無意識的なもの」を「庭の夢のようなもの」と言い換えることもできるだろう。「無意識的なもの」という言葉はヴァルター・ベンヤミンから借りた言葉だったが、彼は、十九世紀のパリのパサージュや冬用温室庭園、パノラマ館や蠟人形館を「集団の夢の家」と言っていた（『パサージュ論』[L1,3]）。インスタレーション・ヴァージョン《INA》は「集団の夢の庭」とでも言えるだろうか。そこは、庭におけるように、複数の人々がともに庭のアーカイヴという「無意識的なもの」「夢」を体験するための場である。ウェブサイト「INA」が、基本的にユーザー一人が端末を用いて体験するものであるのに対して、ここではこうした共同体験が重視される。そうした共同性もまた、庭の重要な点である。

西洋で言うところの「架空庭園・空中庭園（Hanging Gardens）」とは、原語に忠実に訳すならば「吊り下げられた庭」となる。先に、《ＩＮＡ》において庭は時間から解放されると述べた。もう一つ、このように庭のアーカイヴを吊り下げることで、庭を大地から、重力から解放すると捉えることもできるだろう。言うまでもなく、庭園とは、大地に設置されたものである。現実世界において、それはどのようにしても大地から、重力から解放されるものではない。とくに、西洋庭園における噴水などに比べれば、日本庭園はより重力に逆らわないものと言える。そうした、大地から解放され得ないはずのものをメディア・テクノロジーによって切り出し、それを吊り下げられたモニターに表示させる。それは、庭園ではあり得ない体験である。しかし、そのようにあり得ない状況にすることで、現実とは異なるものが見えてくる。そうすることで、より庭の「無意識的なもの」が顕在化する。

一千年以上にわたり継承されてきた日本庭園。現代において、その庭園をこのように多様にデータ化したり、あるいはインスタレーションとして再構築すること。そのような営みにはどのような意味があるのだろうか。そもそも、日本庭園はこれまでメディアとどのような関係を持ってきたのか。次章では、再び歴史を振り返るとともに、日本庭園を取り巻く今後の未来について触れる。

第3章

日本庭園とそのアーカイヴの歴史と未来

日本庭園のアーカイヴの不可能性

本書は、常に変化し続ける日本庭園を、絶えず「上演」が行われている「舞台」と捉え、その構成要素を順に取り上げてゆくことからはじまった。そして、これらの要素が連携してつくり出される複雑な動態としての日本庭園をどのように捉えるか。その一つの試みとして、前章では庭園アーカイヴ・プロジェクトの活動を扱った。そこでは動いているものをなるべく動いたまま記録し、しかもそれを「庭のように」提示する――すなわち「庭についての新しい庭」を実現する――ために、ウェブサイトとインスタレーションの形式を用いた。

ウェブサイト「Incomplete Niwa Archives 終らない庭のアーカイヴ（以下ＩＮＡ）」も、インスタレーション《ＩＮＡ》も、ともに日本庭園の「上演」記録集のようなものと言うこともできるだろう。ほんの一分、iPhone で撮影した映像であっても、そこには庭におけるさまざまな「舞台」と「上演」が捉えられる。石という微動だにしないものの傍らで、木々や草花はゆるやかに揺れ、水は流れ、虫が飛び交い、鳥がさえずる。

こうした映像を撮り溜めていると、ほんの些細な現象ではあっても、庭の各要素があたかも誰かに演出されたかのように連携し、複雑な「上演」を実現していることが見えてくる。沼のなかをのたのたと泳ぐイモリがいるかと思えば、その脇をオタマジャクシがいそいそと駆け抜け、その水面に樹々の合間から木漏れ日が落ち、照明のような効果を与えることもある。

さまざまなメディアを通して庭のアーカイヴを構築してゆけばゆくほど、庭の体験の解像度は上がると前章で述べた。しかし、それと同時に、庭のアーカイヴの不可能性はますます露わになってくる。たとえば、ウェブサイト「ＩＮＡ」では、写真・映像をStonesやCreaturesといったカテゴリーで整理しているが、それは暫定的な分類に過ぎない。一つの写真、映像のなかで、それが一つの石に着目したものであったとしても、その周りに草が広がっていたり、そこに一枚だけ枯葉が落ちていたり、場合によってはちょうど近くを飛んでいるハエが映り込んでいることもある。さらには、その視野のなかの見えない微生物は……などと考え出したらきりがなくなる。前章で述べたように、「ＩＮＡ」が庭の「無意識的なもの」を露わにするものだとしても、それらを完全に明るみにすることは不可能なようである。しかし、それこそが、庭の持っている魅力の源泉なのかもしれない。

日本庭園とそのメディア

強調しておきたいのは、庭園アーカイヴ・プロジェクトは、決して、3D点群データなどによって日本庭園の代替物を、近年の流行《はや》りの言葉を使うならば「メタバース」上に日本庭園の代替物をつくり、もはや実空間の庭園を訪れなくても良い……というような未来を目指しているわけではないことである。現実の日本庭園の体験が途轍もなく豊富なものであることについては、これまで度々述べてきた。今後いかにテクノロジーが発展しようと、豊饒な日本庭園を完全にアーカイヴ化することはできないだろう。そのことは庭園アーカイヴ・プロジェクトの前提である。その上で、この無謀な取り組みに挑むことで日本庭園の本質に迫ろうというのがプロジェクトの主旨である。

プロジェクトを進めるなかで、ある庭を見守る方から「庭の姿は一日一日異なる。そういった現代の技術には基本的に懐疑的で、毎日変化する庭のうち、一回だけ撮影したものでその庭として扱うことには疑問がある。」という旨の言葉をいただいたことがあった。全くもっておっしゃる通りだと、そのときも思った。そして、ご指摘いただいたことはプロジェクトの前提であることを申し上げた。

毎日、庭を管理し見守っている方々に比べれば、外部の一時的な訪問者の体験やその解像度など高が知れている。「ＩＮＡ」とは、そのようななかなか獲得することのできない日本庭園の体験の解像度を集合的に共有するための試みとも位置付けられる。

人の能力がもっと優れていれば、庭のアーカイヴなど必要ないのかもしれない。人がもっと庭に頻繁に触れることができて、また、そこで石や植物、生物の状況が把握でき、しかもその過去の状態を記憶することができるのなら、庭のアーカイヴなど不要であろう。実際、庭の優れた管理者の方々はそうした能力を有している。近代以前において、こうした能力はもっと優れていたのかもしれない。いまや人の耳や目は、喧騒と氾濫するイメージによって、ともに摩耗している。往古の人々は、もっと敏感に音が聴こえ、ものが見えたのだろう。また、いまのように何でもすぐ記録ができる時代、人の記憶力は衰えてゆくばかりである。

庭園アーカイヴ・プロジェクトが期待しているのは、現代のテクノロジーによってつくられた庭のアーカイヴを通して、そのオリジナルの庭の体験をより豊かなものにすることである。言わば、オリジナルの庭と、その複製メディアとしての、もっと言えば、不十分な(incomplete)複製メディアとしての庭のアーカイヴの相互作用にこそ主眼がある。アーカイヴを通して「あれ？　こんなところもあったんだ？」という気づきをもたらすこと。そうして、庭をよりよく知ることこそが目的である。

本章では、最後に、こうした庭のアーカイヴにどのような可能性、未来があるかを考えるために、まずは、日本庭園のさまざまなメディア、アーカイヴの歴史を振り返ることからはじめたい。これについては、すでに前章で小澤圭次郎や重森三玲をはじめとする近代以降のさまざまな取り組みについて触れているが、本章ではもう少し広い視野のもと、近代以前の事例にまでさかのぼってみたい。

日本庭園と絵画

歴史を振り返ってみれば、さまざまな様式を生み出しながら発展してきた日本庭園の系譜の一方で、日本庭園の不十分な複製、ないしはメディア化、アーカイヴ化の系譜も綿々とあったことが見られる。

古来、庭園と絵画の縁は深い。『作庭記』にも出てくる平安時代の延円（?―一〇四〇）や室町時代の相阿弥（?―一五二五）など、絵師が作庭も手がける事例はしばしば見られる。山口・常栄寺庭園が雪舟作庭とされる背景はこうした点にもあるだろう。

また、作庭にあたって絵が用いられることも古くからあった。今日で言うところの図面や完成予想図である。古い例であれば、平安時代の最初の長篇物語『うつほ物語』にも、絵を描いて作庭を指示する場面がある（「楼の上　上」）。

平安時代の絵画はほとんど現存しないため、平安時代以前に描かれた庭園の図像資料を見ることは困難である。日本庭園の古い図像は、鎌倉時代頃の絵巻から見ることができる。第

1章で取り上げた《駒競行幸絵巻》もそのうちの一つである。そのほかにもたとえば《源氏物語絵巻》や《年中行事絵巻》などに、平安時代の庭園をさかのぼって描いた例を見ることができる。王朝文化において庭園は不可欠な存在であり、また、こうした絵巻では、人物よりも、むしろその周囲の環境を盛んに描くため、おのずと庭園が描かれる。

このような絵画は綿々と描かれ続けてきたが、もっとも、これらは庭園そのものを主題としているわけではない。ところが、江戸時代になると日本庭園そのものを主題として描いた絵画が見られるようになってくる。これらは今日「庭園画」と呼ばれている。

江戸時代の庭園画

庭園画についての研究はごく僅かしか行われていなかったものの、二〇一七年、静岡県立美術館で「美しき庭園画の世界——江戸絵画にみる現実の理想郷」という展覧会が開催された。これは、庭園画を一堂に会した初の展覧会であった。

この展覧会の企画を担当した野田麻美氏によれば、庭園画は寛文年間（一六六一—七三）頃から描かれはじめ、狩野常信（一六三六—一七一三）の時代にその様式が確立されたという（「美しき庭園画の世界へのいざない」）。その代表的な庭園画が、狩野常信、周信、岑信による《六義園《りくぎえん》図》上・中・下三巻である。野田氏も指摘するように、こうした庭園画の成立は、大名庭園の成立と連動している。庭園が盛んにつくられると同時に、それを絵画にとどめることも盛んに行われたのである。

六義園

六義園とは、現在、東京・本駒込に残る大名庭園である。五代将軍・徳川綱吉に側用人として重用された柳沢吉保《やなぎさわよしやす》が、一六九五年(元禄八)、駒込の土地・約四五八六二坪を拝領してから一七〇二年まで造営が行われた。「六義」とは『詩経』に由来する漢詩の六分類(風・雅・頌《しょう》・賦《ふ》・比・興《きょう》)のことで、それが『古今和歌集』の紀貫之による「仮名序」では、和歌の六種(そへ歌・かぞへ歌・なずらへ歌・たとへ歌・ただごと歌・いわひ歌)に翻訳されている。六義園とは、文字通り、和歌の思想を具現化した庭園であり、和歌浦《わかのうら》を中心とする和歌のモティーフ八十八景が園内にあてられている。《六義園図》では、その八十八景すべてが絵巻の様式で網羅的に描かれている。

こうした絵画は、その庭園の主人、すなわち六義園の場合であれば柳沢吉保が抱え絵師に描かせたものであった。各国の大名庭園であれば、その大名が依頼主となる。その意図は、多大な時間と労力をかけてつくった庭園の姿を残すため、あるいは、その庭園を他人に誇示するためなどさまざまである。それは庭園への想像をめぐらすよすがともなっただろう。今

狩野岑信《六義園図 下》吹上浜ほか1704 - 1708年（宝永元 - 5）
（公益財団法人郡山城史跡・柳沢文庫保存会蔵）

日の感覚で言えば、庭園をヴァーチャルに体験するためのメディアである。第1章でも述べたように、大名庭園は池泉回遊式庭園であり、池の周囲にさまざまな景や茶室を配置し、それを一つ一つめぐってゆくものである。そうした園内を直に歩いて体験する景色を、《六義園図》のような絵巻の場合、左右に見てゆくことでたどる。これによって、広大な庭園の全体像を把握する役にも立っただろう。これらは江戸時代なりの庭園のアーカイヴと捉えることができる。しかもそれは、単に記録性を有しているだけでなく、それ自体、鑑賞の対象となるものであった。

　一七〇六年（宝永三）には、霊元上皇が六義園の景色のうち「十二境八景」を選出し、臣下の和歌を付して、吉保に贈っている。六義園の庭園に対して、極上のお墨付きが与えられたわけである。興味深いのは、このとき京の霊元上皇ならびに臣下たちは実際には六義園に足を運んでおらず、その絵のみで景色を選定し、和歌を詠んでいたことである。柳沢吉保の側室・正親町町子《おおぎまちまちこ》による『松蔭日記』にはこのことが次のように記されている。

さる山のたゝずまひ、池のこゝろばへなど、けふあるさまを絵にかゝせて、つゐでして奉り給へるを、はやう、院の御さだめにて、おもしろく、さるべき所を、十二境、八景にえらびて、給はりにけり、さて、こたみ、人々におほせて、うたよませて給へるになむありける

（『松蔭日記』）

右には六義園の山水の景の現状を絵に描かせ、それを霊元上皇のご覧に入れたと記されている。このときの絵こそが、右の《六義園図》だったとも言われている。京にいながら、こうした庭園画を江戸の庭園の体験の代替物として用い、その経験によって、あたかもその庭を歩いたかのようにお気に入りのスポットを選び、また和歌を詠んだのである。

身分の高い者はやはりたやすく外出できないため、このように庭園画が庭園の代替物として用いられることはしばしばあったようである。後水尾天皇の皇后・東福門院（二代将軍秀忠の娘）が京で小石川後楽園の噂を耳にしたときも、絵に描いて献じるよう命じ、後水尾天皇もそれを目にして感激したというエピソードが伝えられている（『後楽園紀事』）。

浴恩園《よくおんえん》

六義園の場合は、そのかたちはかなり変化しているとは言え、今日も東京に継承されているため、これらの絵画と現在の六義園を見比べることができる。しかし一方で、完全に失われてしまった庭園の絵も多数ある。第1章で掲げた戸山荘の「御町屋」の絵もその一つである。ここではもう一つ、浴恩園の絵画を取り上げる。

第1章で、日本の庭では時代を通じて海が表象されると述べた。庭園が発展した奈良や京都は内陸の都市であり、そこに海はなかった。ところが、大名庭園が多数つくられた江戸は海に面した都市である。それゆえ、海に面した庭園もつくられた。いわゆる「潮入りの庭」である。「潮入りの庭」とは文字通り、海水を池に引き入れた池庭である。今日現存する「潮入りの庭」としては、東京・浜離宮恩賜庭園がある。そのすぐ南西にある芝離宮庭園も、もともと「潮入りの庭」だった。

浴恩園とは、浜離宮のすぐ北東にあった「潮入りの庭」であり、築地市場があった位置にあたる。浴恩園は、奥州白河藩主でありまた老中として寛政の改革を推し進めた松平定信《まつだいらさだのぶ》（一七五九―一八二九）が造営した庭園で、その広さは約二万坪と言われており、現在の浜離宮の広さ約八千六百坪の二倍以上である。そこには、東西に春風の池と秋風の池という広

岡本茲奘《浴恩園真寫之図》 1840 年（天保 11）
（個人蔵）写真提供：桑名市博物館

大な池がつくられ、潮水が引き入れられ、五十二箇所の名所がモティーフとされていた。ところが一八二九年（文政十二）、定信が没する二カ月ほど前、火事によって全焼してしまう。その後、近代には海軍用地になるも、関東大震災の頃までは池が残るなどまだ面影をとどめていたそうだが（飛田範夫『江戸の庭園』）、やがて東京市中央卸売市場が設置され、池も埋め立てられてしまった。いまでは、ここに現在の浜離宮を凌ぐ広大な庭園があった気配は全く窺えない。築地市場は二〇一八年に営業終了し解体工事に入ったが、併せて、浴恩園の発掘調査が行われた。私の知る限りでは、解体工事以前は浴恩園のことを記した看板が一つ立っているだけで、ここに大規模な庭園があったことを偲ぶよすがは全くなかった。ぜひともここに浴恩園の記憶をとどめる何らかの施設がつくられることを切に望んでいる。

星野文良《花のかゝみ（桜花画譜図巻）》下巻
1822年（文政5）　（天理大学附属天理図書館蔵）

総合的アーカイヴの先駆者としての松平定信

ところで、松平定信は非常に庭園を愛した人物で、浴恩園のほかにも江戸に六園《りくえん》（大塚）、海荘《はまやしき》（深川入船町）という庭園を造営するとともに、地元・白河藩では、白河城に三郭四園なる庭園をつくるほか、白河城から南の郊外に南湖という庭園もつくっている。今日現存しているのはこのうち南湖のみである。一八〇一年（享和元）に成立した南湖は、第2章でも述べたように、士農工商の四民に開放された「共楽の園地」であり（『定信と庭園』）、これは日本最初の公園と言われている。

興味深いのは、定信が庭園の桜や梅の図譜を絵師に描かせていることである。そこでは種別に花の様相が細かく描かれており、傍ら

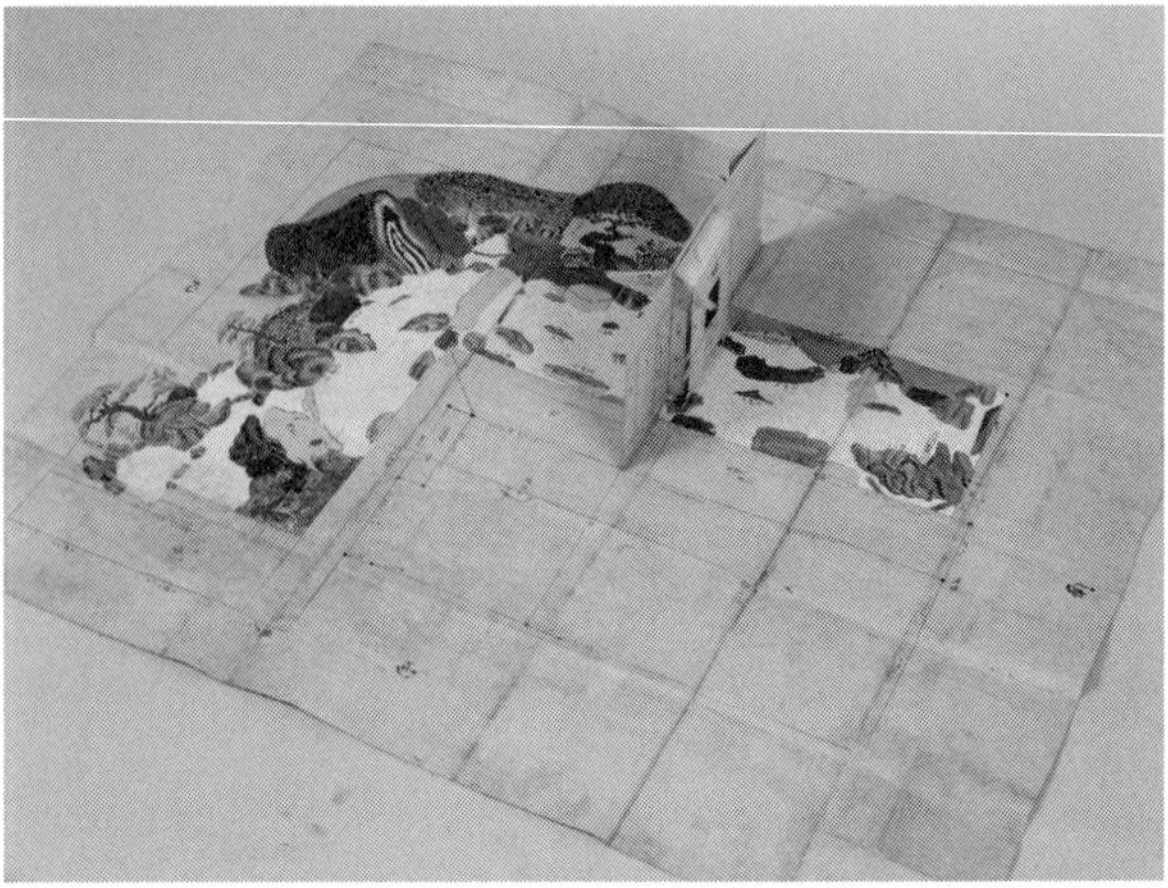

《大仙院石庭起し絵図》 文政年間（1818–30）
（東京国立博物館蔵）

には定信自身によって品種が記されている。定信の博物学的な視点が窺える資料である。

また、定信は『集古十種』や『古画類聚《るいじゅ》』といった膨大な古宝物の図録集の編纂という、文化財アーカイヴの先駆けのようなことも行っているが、これらの原本やそのほか定信による文物のコレクションは、六園のうちの集古園と呼ばれるエリアに保管されていた。同じく六園の「攢勝園《さんしょうえん》」は種々の植物を植えた植物園のような性格を持つ庭園であった。まさしく「アーカイヴの場としての庭」がここにも見られ、近代の公園における博覧会が連想される。定信は、日本のポール・オトレだろうか。

もう一つ定信に関して注目されるのは「起こし絵図」の蒐集である。起こし絵図とは言うなれば、折り畳み式の立体図面であり、建築の平面図に壁や天井に相当する紙を貼り付け、それを「起こす」ことで立体化させるものである。基本的に起こし絵図は建築のための装置であるが、定信が蒐集した起こし絵図のなかには、大徳寺大仙院のものがあり、そこに庭園が描かれている。大仙院は、第1章でも触れた室町時代の枯山水庭園の傑作である。大仙院の起こし絵図では、図面に庭園の様子が彩色で描かれている。平面に描かれたものだが、そこには庭園を真上から見たときと、正面に見たときの様子が連続するかのような独特な描かれ方がなされており、石や植物の傍らには名称が記されている。（定信のこうした多様な「図像管理」については、タイモン・スクリーチ氏による『定信お見通し』が詳しい。）大仙院の庭は、一九五三年に、それまで杉苔に覆われていたところを白砂敷にされ、また一九六一年には渡廊が復元され、往古の姿が取り戻されたが、その折にはこの起こし絵図が参照された。

ところで、定信の後、家督を継いだのは長男・定永であったが、定永の時代、松平家は転封により桑名藩主となる。それにともない、浴恩園のある下屋敷に仕えた医官に小澤長庵という人物がいた。その次男こそが、前章でも触れた日本庭園研究の先駆者・小澤圭次郎である。彼は、幼少期しばしばこの浴恩園で遊んでいたという。近代において多くの日本庭園が失われていく状況のなか、小澤が驚異的なエネルギーでもって日本庭園の資料蒐集を行い、日本庭園研究を先駆けたことについては前章で見た。「園林叢書」として計画された膨大なアーカイヴにおいて小澤が最初に取り組んだのも浴恩園であり、この庭園にいかに思い入れがあったかが窺える（今橋理子「「養生」の庭」）。まるで、幼少期に遊んでいた浴恩園において、定信の精神が小澤に乗り移ったかのようである。いま振り返って注目されるのは、連載「園苑源流考」も「園林叢書」も、結果的に「完成」することなく「未完」にとどまったことである。

マスメディアによる庭園のイメージ

一方、江戸時代には大衆文化の開花、さらには印刷技術の発展や旅行文化の広まりによって、秋里籬島と竹原春朝斎による『都名所図会』（一七八〇）のような今日の観光ガイドブックに類する書籍が多数出版された。そのなかには、日本庭園そのものを描き、そのゆかりを記した箇所が多々ある。庭園に特化したものとしては、同じく秋里籬島による『都林泉名勝図会』（一七九九）があり、当時ベストセラーとなった。

これらは庭園を享受する人々のための書籍であるが、一方で、作庭を行うにあたって手引きとなる書籍、言わば江戸時代の『作庭記』として『築山庭造伝』前編（北村援琴斎、一七三五）・後編（秋里籬島、一八二八）といったものも刊行された。これらも充実した図とと

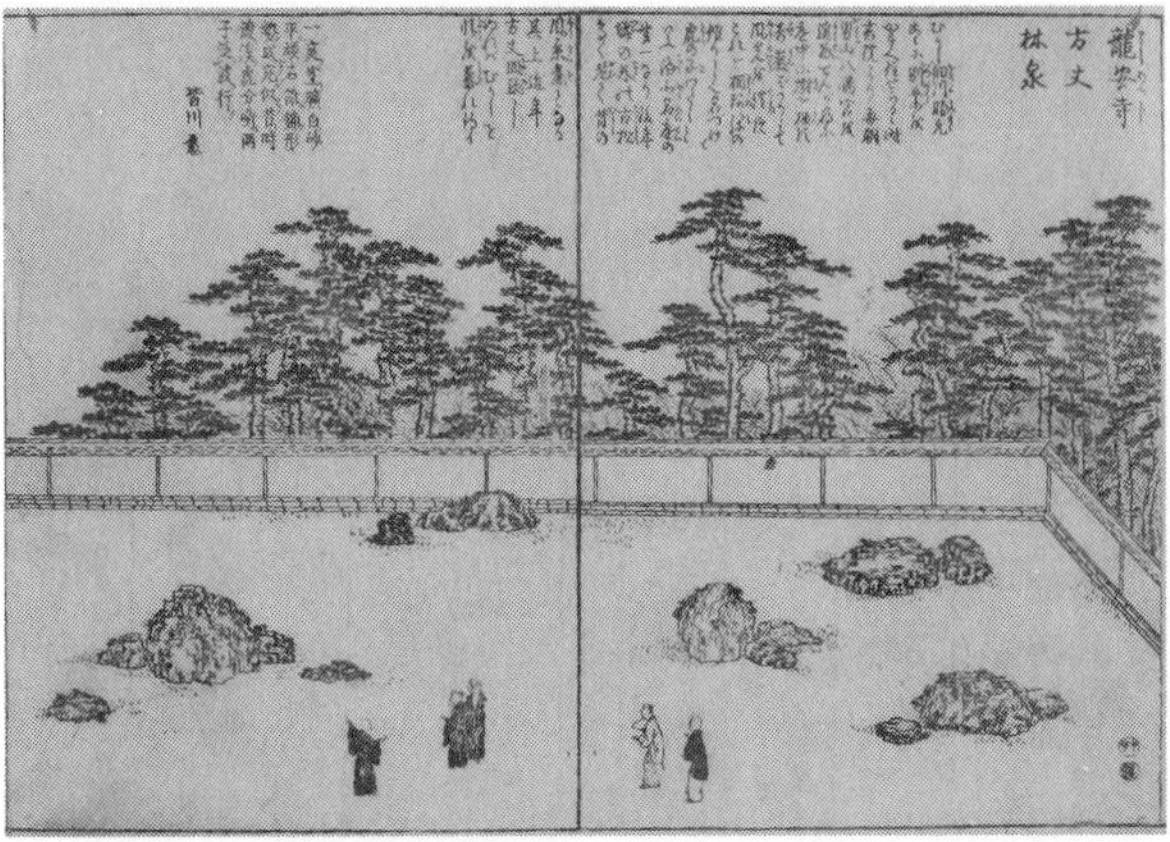

秋里籬島『都林泉名勝図会』巻之四「龍安寺 方丈 林泉」
1799年（寛政11）刊　国際日本文化研究センター蔵
「都林泉名勝図会データベース」より

もに、庭づくりのメソッドについて説かれており、江戸時代の庭園趣味の普及に大きく貢献した。

こうした刊本による庭園の図の普及は、マスメディアによる庭園イメージの伝播にほかならない。ここにやがて写真が加わってゆく。江戸末期になると、いよいよ写真が日本でも少しずつ用いられるようになる。庭園の古写真は極めて貴重な資料で、その庭園の往古の様子を知るのに極めて役立つ。

古い日本庭園の写真がまとまったものとして、たとえば、一九〇九年（明治四十二）に京都府庁から発行された『京華林泉帖』なる写真集がある。仙洞御所、修学院離宮、桂離宮にはじまり、京都の寺院の庭園、また無鄰菴などの個人邸など、計五十八箇所の庭園に

湯本文彦編『京華林泉帖』「無鄰菴」1909年（明治42）刊

ついて写真とともに簡単な解説文が添えられている。ほぼ同じ形式で東京の庭園を扱ったものとしては、近藤正一による『名園五十種』（一九一〇）などがある。（こちらは国立国会図書館デジタルコレクションで閲覧できる。）

こうした庭園の写真集、あるいはビジュアル雑誌、庭園図鑑に類するものについては、現代に至るまで無数に出版されてきた。近年においては外国語の書籍も盛んである。日本庭園への関心を象徴していると言えるだろう。

「終らない庭」という語の典拠である三島由紀夫の「「仙洞御所」序文」は、『宮廷の庭』全三巻（淡交新社、一九六八）の第一巻のために書かれた文章であった。これは第一巻が京都仙洞御所、第二巻が桂離宮、第三巻が修学院離宮という三つの宮内庁管轄の庭園を扱った豪華写真集である。

その後も、こうしたシリーズ物の日本庭園の豪華本は盛んに出版されている。重森三玲、完途による『日本庭園史大系』全三十五巻（社会思想社、一九七一—七六）もその一つと見て良いだろう。

近代以前から綿々と日本庭園がさまざまな様式を生み出しながら発展してきたのと並行し、それをメディア化、アーカイヴ化したものも時代とともにさまざまに発展し、今日に至る。言うまでもなく、テレビや映画などの映像、さらにはインターネット上のデータとしての日本庭園のイメージも膨大である。

このように膨大に広がる日本庭園のイメージが人に及ぼす影響は大きい。先にも述べたように、一つ一つの庭は、それを所有しているか管理しているかでなければ、そう頻繁に体験できるものではない。たとえば、龍安寺石庭などは、多くの人が記憶にとどめている庭だろうが、それぞれの人が持っているその庭の記憶は、現地での体験よりも、こうしたイメージによるところが大きいのではないだろうか。有名な庭であればあるほど、その庭の記憶は、現地での体験のみならず、多様なメディアを通したイメージの影響を大きく被っているように思われる。

ウェブサイト「ＩＮＡ」の可能性

右に見てきたように、日本庭園の歴史と並行して、多様な日本庭園のメディア化、アーカイヴ化の歴史があった。庭園アーカイヴ・プロジェクトがつくる「ＩＮＡ」には、さまざまな点でこれらと通じるところがある。「ＩＮＡ」は、現代の庭園画であるかもしれない。江戸時代の大名のように、広大な庭園を所有する大富豪がその３Ｄデータを有し、世界中のあらゆる場所でそれを人に見せたり、あるいはメタバース上で体験させた上で、「ぜひ今度現実の庭にいらしてください」と誘う……といった展開もあり得るかもしれない。「ＩＮＡ」は、右に見たような日本庭園のメディア、アーカイヴの系譜に属すること、さらにはその最先端となることを企図するものである。

無論、「ＩＮＡ」は文字通り、終っておらず、また完成していない。「ＩＮＡ」は未だプロトタイプであり、課題や改善の余地は多々ある。これらを一つ一つ解決しアップデートしてゆくことも、恐らく「終らない」作業になるだろう。

たとえば、ウェブ上の３Ｄ点群データをもっと肌理の細かいデータにすることは、今後、テクノロジーの発展とともに可能であろう。３Ｄスキャンや撮影、録音、そのほか種々の調査方法は、今後、テクノロジーの発展とともにより改良され得るだろう。現状の３Ｄデータは固定したものだが、将来的には、庭園を動く３Ｄデータとしてスキャンできる日が来るかもしれない。ウェブサイトのシステムも、ブラッシュアップの可能性は大いにある。また、現時点では三つの庭園を対象にしたのみである。これらの庭園に関して、継続的にデータを蓄積してゆくことはもちろん、対象となる庭園を増やしてゆくことも今後の目標である。すでに見てきたように日本庭園は世界中に数え切れないほどあり、一つ一つ特異なもので二つとして同じものはない。よりさまざまな庭園を対象としてゆくことで、新たな課題も生じてくるだろう。

このように、生まれたての「INA」にはさまざまなアップデートの余地があるが、ここではあえて実現可能性にかかわらず、「INA」の可能性について風呂敷を広げることを主旨としたい。

右にも述べた、日本庭園の対象を増やしてゆくことについて、将来的には、他の拠点がそれぞれ、こうした新しい庭のアーカイヴを構築してゆくようなシステムを構想している。前章では、庭園からさまざまなデータを取得する手法について触れた。そのなかには、ある程度の専門性を要する機材も含まれているし、また、機材そのものも、以前よりは劇的に安くなっているとは言え、それでも手軽に買えないものが含まれる。が、今日はスマートフォン一台あれば、静止画から動画、録音など、かなりのクオリティで撮影することができる。スマホだけでも「INA」のデータを増やしてゆくことは可能である。またその追加も、ウィキペディアのように、その庭園を訪れた人々が皆、写真や動画を位置情報とともにアップロードしてゆく……という方法もあり得るだろう。そうすることで、より集合的な記憶蓄積装置としての「ＩＮＡ」が実現できる。

スマホに関して言うと、「ＩＮＡ」のウェブサイトを公開した二〇二一年十月の時点では、スマホでのアーカイヴ・ページの視聴は不可能であった。その後、徐々にスマホでも視聴できるようになってきているが、これがより整備されてくると、対象となる庭園に直にいながら、ユーザーが手元で「ＩＮＡ」を視聴し、庭園の「いま・ここ」から、その場所にまつわる過去のデータを参照し、両者をその場で比較することができる。これによって、実際の庭園の体験と「ＩＮＡ」の相互作用がより期待できるだろう。さらに、もし庭園にスマホのカメラを当てるとその対象を認識し、対応するアーカイヴの位置とそれにまつわるデータを表示する……といったシステムを構築できれば、より庭園の二重の体験はスムーズになるだろう。

本プロジェクトの関心は、こうした日本庭園の新しいアーカイヴないしメディアと、そのもとのオリジナルの庭園の相互作用にこそ注目するものだが、一方で、アーカイヴ、メディアのみの自律的な展開も考えられる。建築とメタバースの議論はすでに盛んに行われている一方で、日本庭園とメタバースについてはまだそれほど目立った動きはないようである。すでに実在の寺社、城郭をメタバース上で公開するという試みは行われており、そこにすでに日本庭園が含まれているものもあるが、日本庭園に特化したものは管見の及ぶ限りでは確認されていない。「ＩＮＡ」のような実在の日本庭園のアーカイヴがメタバース上で公開され、各々のアバターがそこをめぐり歩くということは容易に実現されるだろう。あるいは、今後、メタバース上で作庭が行われ、その庭園が売買されるという展開もあるだろうか。そのほか、ＡＩの深層学習《ディープ・ラーニング》によって、取得した日本庭園のアーカイヴの蓄積に基づきつつ、新たな日本庭園をメタバース上に生成する……というようなことも可能であろう。そうしたメタバース上のものが、新たに現実空間の日本庭園に影響を及ぼしたり、あるいはそれが実現される展開も考えられる。また、もし所有権の問題がクリアできるなら、人が庭園を訪れて好きに写真や映像を撮って二次利用するのと同じく、ウェブ上で公開されているアーカイヴをフリー素材とすることで、好きに切り出して二次利用する……といったことも考えられる。

職人知のアーカイヴへ

ところで「ＩＮＡ」に総合されているデータ全体は、主に庭園を享受する体験者の視点から構成されている。言い換えるなら、絶え間ない「上演」が続けられている庭園に対する「観客」としての視点である。

しかし、変化し続ける庭は、庭師という管理者によって手を加えられながら見守られている。庭園を訪れたとき、開園中に手入れが行われているのを見かけることはよくある。庭は常に変化し続けるが、それは野放しにされるわけではなく、その庭の変化には庭師が介入する。毎年、マツやツツジには剪定が加えられる。また、掃除も不可欠である。その庭園がどれほど管理されているかどうかは、一瞥《いちべつ》すればすぐに分かる。たとえば「ＩＮＡ」で対象とした無鄰菴庭園は毎朝一斉に園内を掃除しているという。そのため、いつ訪れても驚くほど綺麗な状態にされている。さらに言うと、それだけ毎日掃除されているため、たとえば、少し落ち葉があるだけですぐに気がつく。それは、その日に起きた庭の変化の軌跡である。庭園管理、メンテナンスのなかでは、こうした庭園のソフトの面のみでなく、ハードの面に手が加えられることもある。たとえば、何らかの理由で石組を移動させたり、あるいは、安全性の面から大きな枝を伐採することなどである。

「ＩＮＡ」のためにデータを捉えてゆくなかでも、そうした場面の映像も蒐集していた。が、現状の「ＩＮＡ」では、たとえば前章で触れた常栄寺庭園の管理を担う方のオーラル・アーカイヴなどは掲載しているが、それ以外ではそうした庭の「舞台裏」を含んではいない。今後はこうした側面をもっと充実させてゆくことが望まれる。

こうした作業に介入してアーカイヴを構築してゆくことで、「ＩＮＡ」は、庭園管理の現場においても有用性を持つようになるだろう。庭園にさまざまに手を加えていく際、その記録をとっておくこと。それは、すでに庭園管理の現場で作業記録として行われているものではある。そうした記録が現状、写真が主であるなかで、3Dスキャンであれば、後から多方向からその様子を再確認することができる。作業を行った際の写真や映像を「INA」にアノテーションとして追加してゆけば、これまでとは異なるレベルで庭園のメンテナンスのアーカイヴを蓄積できるだろう。言わば、庭園の編集履歴・変更履歴のアーカイヴである。

今日、伝統産業の分野において、職人の継承問題は深刻である。こうした職人の記憶の継承が難しいのは、それが言語などによって外部化できるものだけではない点による。いわゆる「暗黙知」である。それは、日々変化している庭園と、それまでの長年の作業の蓄積が一体となっている。庭園における目に見えるデータだけでなく、こうした職人の身体のなかにある記憶という、見えないデータを蒐集することは、これもまた不可能への挑戦ではあるが、これこそテクノロジーが取り組むべき課題であろう。

変化し続ける庭園の「四季絵屏風」——静岡・浮《ふ》月楼《げつろう》庭園

こうした企図を持ちつつ、庭園アーカイヴ・プロジェクトは新たな庭園を対象に加えながら活動を継続している。いずれもプロジェクト進行のもの、未完成（incomplete）な状態ではあるが、本章では最後にその取り組みを紹介したい。

庭園アーカイヴ・プロジェクトが四つ目の対象として調査をはじめたのは、静岡・浮月楼庭園である。浮月楼は、JR静岡駅から徒歩数分のアクセスで、繁華街に通じる道に面する料亭である。周囲から見ると、ひしめくビルのなかにそこだけ樹木が鬱蒼と噴出しているような印象を与える。敷地内には池泉回遊式庭園があり、その周りを建物が囲み、結婚式場、宴会場として用いられている。

江戸時代、この土地には駿府《すんぷ》代官の役所があったが、一八六九年(明治二)、江戸幕府・十五代将軍であった徳川慶喜が移住したことが知られている。一八六七年(慶応三)に大政奉還をした慶喜は、以後、江戸、水戸、静岡と各地で謹慎しており、この代官邸には一八八八年(明治二十一)まで居住していた。慶喜は、ここでさまざまな趣味に没頭したという。慶喜が同年に、同じ静岡の西草深町の邸宅に移ってからここで創業した料亭が、浮月楼である。重森三玲による『日本庭園史図鑑』第二十巻には、一九三七年(昭和十二)八月に実測された図面とともに重森による解説が収められている。静岡は、富士山や三保の松原など自然の風景が豊かなためか、あまり日本庭園がなく、ここは静岡のなかでも貴重な庭園である。

第1章で述べたように、江戸時代、全国で大名庭園が盛んにつくられた。その庭園文化を率いたトップであり中心であり続けたのがほかでもなく徳川将軍であり、その拠点が江戸城、すなわち今日の皇居である。この江戸の〈中心〉を囲うようにして大名屋敷とともに大名庭園が大量につくられ、また、各国にも庭園がつくられた。浮月楼の庭園を、そうした江戸時代の膨大な庭園史の最後のものと位置付けることも可能だろう。

近年、浮月楼では庭園を活用した能楽や観月会などさまざまな催しが行われており、度々訪れる機会があった私にとって、ここは庭を「使う」試みに立ち会う貴重な場であった。そのようななか、さらに静岡に引き寄せられるように、私が静岡大学に着任するという不思議な縁もあって、二〇二二年より浮月楼庭園のアーカイヴ制作をはじめた。

浮月楼では、二十四節気を重視し、結婚式や宴会でも、庭の変化に対応したしつらえ、演出が行われている。そうした、庭園と宴の連動に学び、アーカイヴ制作においても、これまで以上に四季を重視するべく、四季ごとに庭園の３Ｄスキャンを行った。よりデータとしての精度を上げるために、今回はレーザー・スキャンだけでなく、フォトグラメトリも併用している。

これらに基づき「ＩＮＡ」のシステムでウェブ上にアーカイヴを構築するとともに、浮月楼のギャラリーに常設展示《終らない庭のアーカイヴ Incomplete Niwa Archives 004: Fugetsu Four Seasons Version》を設置している。展示では、四つの映像モニターを横に配列し、それぞれを春・夏・秋・冬に対応させることで、映像からなる四季絵屏風をコンセプトとしている。

浮月楼庭園（2022年2月）の 3D データ

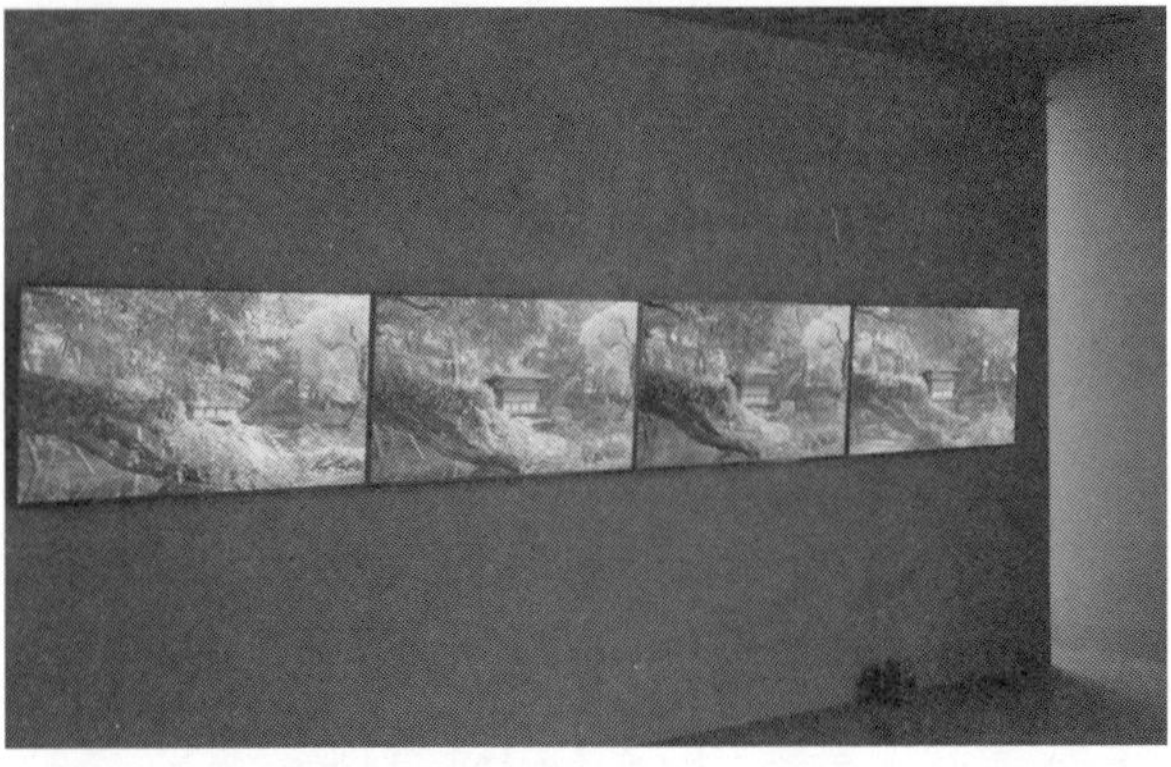

《終らない庭のアーカイヴ Incomplete Niwa Archives 004: Fugetsu Four Seasons Version》
プログラミング：白木良

「四季絵」とは、文字通り四季を描いた絵画で、平安時代の倭絵より盛んに制作された。そこでは、連続した構図のなかに春・夏・秋・冬のモティーフが描かれる。要するに、一つの空間のなかに異なる時間が共存している。これをインスタレーション・ヴァージョン《INA》の手法に応用することによって、言わば、四つの窓を通して、浮月楼庭園の四季の動くアーカイヴを閲覧できるようにしている。また、四季四種類の点群データを結合することで、まさに屏風のような横長のパノラマで園内を周遊する試みも行っている。

YCAMでのインスタレーション《INA》では、展示される映像と音は一定のパターンのもとランダムに再生していたため内容的には毎回異なるものの、その背後にあるデータ群は展示期間中、固定したものであった。今回は、対象となる庭園のすぐ傍らに常設されるため、より庭園とアーカイヴが連動するよう、四季の変化に合わせて取得された新たなデータを追加すれば、インスタレーションの内容も変化するようにしている。

また、これらの素材となる映像に関して、研究者や学生をはじめ、この庭を訪れたさまざまな人たちと撮影を定期的に行っている。第1章で触れたように、複数人で庭を訪れたとき、人によって庭のなかのどの部分に着目するかは異なるため、さまざまな人々と撮影を行うことによって、多様な視点からなる庭の体験の切り出しが可能となる。こうした撮影作業自体、刺激的なワークショップのような様相を呈している。それゆえ、この現代の「四季絵屏風」

としてのインスタレーションは、こうした複数の人々からなる庭の集合的な経験の蓄積装置とも言えよう。

庭と織物

もう一つ進行しているのは、株式会社細尾とのコラボレーションである。細尾は、一六八八年（元禄元）創業の織屋を起源とする京都・西陣織の会社で、近年、十二代当主・細尾真孝氏をリーダーとして、西陣織の画期的な拡張を精力的に行っている。「西陣織」と聞けば、多くの人は、着物の織物を思い浮かべるかもしれない。しかし、細尾はカーテンや壁紙、ソファやテーブルなどのインテリアや自動車のシートなども手がけるほか、さらには多様なアートの分野でも西陣織の可能性を追求している。

第2章で、庭園アーカイヴ・プロジェクトの起源となった展覧会「プロミス・パーク」において、韓国のアーティスト、ムン・キョンウォン氏が17m×17mの絨毯の作品を発表したと述べた。この絨毯の制作を担ったのが細尾であった。その後、細尾は二〇一九年にHOSOO GALLERYを京都にオープンした。そのリサーチ部門HOSOO STUDIESでは「メディアとしての織物」をテーマに、さまざまなリサーチを進めながら新しい織物を開発する試みを行っており、私はそのリサーチ・ディレクターをつとめている。そのなかで、「庭」

をテーマとした新しい研究開発プロジェクト「庭と織物」が進行している。

ここで、右の「プロミス・パーク」展において、なぜ絨毯を制作しようとしたのかについて触れておきたい。ここで念頭に置いていたのは、とくにペルシャ絨毯のような織物だった。絨毯とは、ある場所に敷くことで、その上に座ったり立ったりすることのできるポータブルなものである。そこには植物や幾何学の文様（パターン）によってさまざまな装飾が施されている。こうした一つ一つのパターンは、それぞれの植物に基づきつつ理念的に形成されたもので、また、それぞれのモティーフに意味がある。言ってみれば、絨毯とは、織られた整形式庭園である。

この点に関して、ミシェル・フーコーは一九六六年のラジオ講演「ヘテロトピア」のなかで興味深いことを言っている。「ヘテロトピア（異在郷 hétérotopies）」とはフーコーの造語で、ユートピアと対になる概念である。ユートピアは、日本語では「理想郷」などと訳されるが、文字通りには「非-在郷」すなわち、現実には存在しない架空の場所である。それに対してヘテロトピアとは実在する場所で「絶対的に他なる空間」だという。その例としてフーコーは病院や監獄、劇場や美術館などを取り上げて論じている。簡単に言ってしまうなら、ヘテロトピアとは非日常の場所である。そこには日常とは異なる時間・空間が混在している。

そのヘテロトピアの最古の例としてフーコーが取り上げるのが、庭園、それもペルシャ式庭園であり、そこで庭園と絨毯の類似について次のように説いている。

東洋の絨毯がもともとは庭園――厳密な意味で「温室（＝冬の庭園）」――を模したものであったことを考えるなら、空飛ぶ絨毯の、世界を踏破した絨毯の伝説的価値を理解することができる。庭園とは、世界全体がその象徴的な完成をそこに成し遂げるにやってくるような絨毯なのであり、絨毯とは、空間を横切るような動く庭園なのである。

（「ヘテロトピア」佐藤嘉幸訳）

続けてフーコーは『千夜一夜物語』で語られる庭園と空飛ぶ絨毯について、「世界の美のすべてがこの鏡に集められている」とも述べている。すなわち、絨毯には異なる空間と時間にある美しいものの文様が織り込まれている。その意義をファンタジーとして展開したのが、それに乗ることでどこへでも意のままに移動できる空飛ぶ絨毯だというのである。

庭園というものも、空間的にはある一定の領域内にいながら、そこから遠く離れた場所への擬似的なトリップをコンセプトとするものである。日本庭園の場合であれば、そこには異なる場所の石や植物が蒐集・配置され、それによって遠方の自然の風景や、蓬莱山や須弥山といった架空の風景が表象された。たとえば大名庭園の元祖である小石川後楽園では、奈良の竜田川《たつたがわ》があれば、その先には琵琶湖の竹生島《ちくぶじま》があり、池の中心には架空の蓬萊島があり、一方で、西湖堤《せいこのつつみ》や小廬山《しょうろざん》といった中国の風景をモティーフにした景がある（24頁参照）。その庭をひとめぐり歩くことは、まるで空を飛ぶようにして国内各地どころか海外、さらには架空の世界までトリップすることになる。

一方、日本の着物は、古来、日本の他の美術工芸品と同じく自然のモティーフが豊富である。水辺の風景、植物、蝶や鳥が文様として理念化され、それらを組み合わせることで着物の柄が構成されてきた。人がどのように自然環境と向かい合い、それを着物というメディアに落とし込んできたか、という点では、着物という日本の織物と日本庭園には相通じるところが多い。絨毯がポータブルな庭園であるなら、着物とは、身体に纏《まと》うことのできる庭園と言えよう。

庭の多層性を織物に翻訳する

「庭と織物」プロジェクトで対象としている庭園は、細尾の工房がある HOUSE of HOSOO（以下ＨｏＨ）の庭園である。ＨｏＨはいわゆる京都の町家建築で、その中央に約11ｍ×約6ｍの壺庭がある。壺庭とは日本なりの中庭の形式であり、日本庭園のなかでももっとも小

HOUSE of HOSOO 壺庭の3Dデータ
左から2022年3月・4月・5月

さなスケールのものである。この壺庭に開かれた部屋でミーティングが行われ、また、奥の蔵では、数々の織機で織物が織られており中庭にもその音が伝わってくる。日々、織物の制作を見守るように存在するこの庭を、今回は毎月3Dスキャンを実施し、一年十二カ月分の3D点群データを取得する試みを行った。

そして、この庭に向かい合いながら、現代ならではの新しい「庭のような」織物を開発するべく、試行錯誤を重ねている。

「Incomplete Niwa Archives 終らない庭のアーカイヴ」とは、庭が時間とともに変化してゆくことに基づいたコンセプトであった。前章では、芸術作品や建築はつくられた時点が完成だが、そこから時間とともに劣化してゆくと述べた。しかし、事はそう単純ではない。たとえば古美術、骨董品は、日本庭園と同じように、時間が経てば経つほど良くなってゆく。総じて日本の伝統文化は、新品のものよりも、古いものの方に価値が置かれる。こうした経年美化を「老いの美学」と言い換えることもできるだろう。「老い」は、日本の伝統芸能においても重要な概念である。伝統芸能の世界では、若くて体が利く頃はまだまだで、むしろもうあまり体が利かなくなってきた「老体」の方が芸位が高いとされる。比較的若年でダンサーが引退するバレエなどの世界とは真逆の文化である（中島那奈子ほか編『老いと踊り』）。

造園学者の進士五十八氏は、日本庭園では「エージングの美」「時間美」が実現されていると論じている（「日本庭園の美における季節感とAgingの問題点」）。日本の庭とは、経年美化、あるいは「老い」の美の最たるものとも言えよう。第1章で述べたように、建築は死ぬが、庭は死なない。庭は保存される限り、生き続け、何よりも長生きする。同章の末尾で触れたように、三島由紀夫は仙洞御所の庭について「美しい老いいた狂女のやうに」という言葉を使っていた。

ところが、そうしたかつての優れたものづくりはますます忘れられつつある。先にも述べたように、伝統工芸の職人の継承は深刻な問題である。今日、建築をはじめ、日常にあふれているモノは、経年によって「良い味」が出てくるというよりも、むしろ劣化してゆき、時間が経つと新しいモノに置き換えたい欲望が生じるようなモノばかりである。モノを生産し続け、資本主義経済をまわすという意味ではよくできたシステムだったかもしれないが、それでは歴史を超える優れたモノは失われてゆく。今日あちこちで説かれている「サステナビリティ」とは、一つにはこうした状況を打開すべく提唱されたものだが、その観点からも、いま多方面で伝統工芸のものづくりが見直されている。

庭園アーカイヴ・プロジェクトでは、これまで日本庭園から取得した多様なデータを扱い、それらを画面に表示させたり音を出力させたりしてきたが、新たなステップとして、これらのデータをモノに結実させることが、今後の課題の一つである。

すでに見てきたように、日本庭園は石や植物といったさまざまな事物から構成される。そこでは時間とともにほとんど変化しない石を骨格としつつ、少しずつ大きくなったり花を咲かせたりする植物もあり、その日の風や雨によって変化する部分もある。このように日本庭園における時間変化は多層的である。さらにそこを訪れる人、より広くは生物によって、別の変数が加わってくる。

一方、織物の基本構造は、互いに直交する経糸《たていと》と緯糸《よこいと》の組み合わせからなる。また、西陣織の特徴は、箔糸《はくいと》、すなわち金や銀などを和紙に貼ったものを細く裁断した糸を緯糸として用いることで、光沢のある織物をつくるところにある。このように連続する経糸に多様な緯糸を織り込むことを応用すれば、織物にさまざまな様相あるいは機能を与えることができる。すなわち、織物において、経糸は持続して変化しないものに相当し、それに対して緯糸は変数となる。

さらには、緯糸を複数重ね、ある部分ではある緯糸を表面に出し、ある部分では別の緯糸を表面に出す……といったように複数の緯糸を用いることで、複雑な多層構造を有した建築的・立体的な織物をつくることができる。

日本庭園における、変化しないものから変化するものという複数の層。これを織物の多層構造に翻訳できないだろうか。しかも、それを——絨毯のように——空間に設置すると、時間の経過やその場の温度や光の環境情報によって様相を変え、さらには、そこを訪れる人の身体とも反応するような、新しい庭としての織物。そんなものが実現できないか。これらが「庭と織物」プロジェクトの課題である。

触れる庭園模型

最後に取り上げるのは、庭園のユニヴァーサルデザインにも関わる事例である。

前章で述べたように、庭園アーカイヴ・プロジェクトでは、京都・無鄰菴庭園の調査を進めている。そこでも触れたように、無鄰菴庭園では種々のイベントが精力的に行われているが、無鄰菴の指定管理を担う植彌加藤造園株式会社は、日本庭園のユニヴァーサルデザインにも力を入れている。我々が調査を進めてゆくなかで、先方の提案により、無鄰菴の3D点群データを3Dプリンターで模型として出力し、それを視覚に障害のある方々の庭園体験に利用していただくというイベント「未知の庭」が開催された。（この企画はプロジェクトメンバーの津田和俊氏とKYOTO Design Labが中心となって進めている。）

視覚に障害のある方がある場所の全体像を把握するとき、たとえば建物や駅であれば点字の地図が用いられる。しかし、庭園のような複雑な形状をしている場合、そうした平面図での把握は難しい。庭のなかの築山がどのように傾斜しているのか。その中心となる石はどのようなかたちをしているのか。これらを把握するにあたっては模型が有用である。庭園の3Dデータを用いることで、庭園をそのままミニチュア化した模型を出力することができる。

もっとも、単純に3Dデータを3Dプリンターで出力すれば良いというわけではない。この模型では、園内の人が歩く道や水流を触って認識できるように、部分的に触り心地の異なる素材を使ったり、庭園の地面の様子が分かるように、園内の樹木は除去するなどの工夫が施されている。

「未知の庭」は、体験者がまず無鄰菴の母屋で庭園のレクチャーを受け、庭園の模型を触ることであらかじめ庭園の全体像を把握し、その上でガイドとともに庭を歩く、という流れで進められた。最初から園内を歩くより、模型によって庭園の全体像を把握してから園内をめぐることで、その体験はより豊かなものとなる。

今後、各日本庭園にそうした模型が整備されれば、日本庭園の体験もより広がってゆくだろう。庭園アーカイヴ・プロジェクトの制作する庭のアーカイヴは、人々の庭園の体験の解

イベント「未知の庭」（主催：無鄰菴）の様子
写真提供：植彌加藤造園株式会社

像度を増幅させることが目的であったが、庭園の体験が困難な方々に、それを拡張することも一つの使命である。

これらの試みは、日本庭園の体験が、決して視覚だけによって行われるものではないということを改めて教えてくれる。日本庭園の体験を考えるとき、どうしても視覚や聴覚を主軸にしてしまいがちである。「ＩＮＡ」も視覚・聴覚優位にとらわれていると言わざるを得ない。草花や土、池の水の匂いや、石や芝生、樹々の肌の触り心地、あるいはそこで採取される果実の味など、庭園は五感で体験することもできる。もしそれらもアーカイヴするとなればどうしたら良いか。それは全く未踏の世界である。

日本には、日本庭園の歴史と並行して、洲

浜台や盆石、盆栽といった、日本庭園をさらに縮小したようなミニチュアの系譜がある。なかでも盆石は、まさにその形状を触って愛でるものであった。無鄰菴の3D模型は、庭園のミニチュアとしての新しい「盆石」たりうるかもしれない。こうした愛着の持てるモノによる庭のアーカイヴの方法もあり得るだろう。

振り返れば、庭園アーカイヴ・プロジェクトは、石という確固たるモノをデータ化することを前史としてはじまった。一つ一つの庭園と、そのデータ群。前者は現実に確かに存在しているものだが、後者は触れることのできない実体のあやふやなものである。その両者をつなぐために、確かなモノ、それも単なる道具ではなく、それ自体、愛着を持てるようなモノをインターフェースとして介在させること。それがプロジェクトの今後の課題である。

あとがき

本書は、これまで私が行ってきた日本庭園についての研究活動を、二〇二三年六月の時点でまとめたものである。

これらのなかには、とくに第3章で取り上げた事例をはじめ進行中のものもあるが、あえて現状のまま提示することにした。

日本庭園は、さまざまな出会いをもたらしてくれる場である。庭をめぐっているとき、そこでは思いがけずさまざまなものに出会うことができるが、それは、庭を研究対象としたときも同じである。日本庭園をめぐって研究活動を行ってゆくことの面白さは、庭を通して、多様な分野の方々と出会い、また協働できる点にある。日本庭園は、造園学はもちろん鉱物、植物、動物、生態系に関わる理系学問の対象となる一方で、歴史、文学、芸能に関わる文系学問の対象ともなる。まさしく日本庭園とは、文理融合実践の場になり得る。

庭園アーカイヴ・プロジェクトはその試みの一つである。強調するならば、リーダーの私はいわゆる「文系」の分野で研究活動を行ってきた者で、私自身に種々の機材の使用やプログラミングのスキルがあるわけではない。このプロジェクトは、決して一人ではできない、共同作業でなければ不可能なものである。本書では読みやすさのため、各方々の役割については細かく記していないことをご了承いただきたい。

第2章で記したように、庭園アーカイヴ・プロジェクトは、二〇一九年より私を代表として、山口情報芸術センター［YCAM］に所属する伊藤隆之さん、高原文江さん、城一裕さん（九州大学准教授）、津田和俊さんとともにスタートした。二〇二一年度までを第一期としており、第2章は、その活動成果に相当する。二〇二二年度からは第二期を始動し、新たにエマニュエル・マレスさん（京都産業大学准教授）、バルナ・ゲルグ・ペーターさん（京都工芸繊維大学特任研究員）にも加わっていただくことになった。第3章で紹介したのは第二期の活動である。マレスさんには、本書全体の原稿について、日本庭園史の立場から詳細なコメントをいただいた。

また、二〇二〇年より津田さんが京都工芸繊維大学に着任されたこともあり、京都工芸繊維大学 KYOTO Design Lab テクニカルスタッフの井上智博さんには、庭園の3Dスキャンをはじめ多大な協力をいただいている。

ウェブサイトの開発には、さまざまなメディアを対象にデザインを手がける KARAPPO

Inc. の三尾康明さん、寺田直和さんにご協力いただいており、いつも無茶なお願いをしているものの、丁寧に私の夢想を叶えてくださっている。

インスタレーション・ヴァージョン《ＩＮＡ》では、建築スタジオ ALTEMY の津川恵理さん、戸村陽さん、そして、プログラマーの白木良さんに、これまた無茶振りをお願いしている。

そして、言うまでもなく、この研究活動は、対象とする庭園を管理する方々のご協力なしには実現不可能である。改めて、常栄寺、山口市文化財保護課、京都市、無鄰菴管理事務所、植彌加藤造園株式会社、龍源院、浮月楼、辻雄貴空間研究所、株式会社細尾に感謝申し上げる。そのほか、お世話になった方々も本来ならばここに記さなくてはならないが、これ以上はウェブサイト「ＩＮＡ」等に譲らせていただく。

改めて感謝を表したいのは、山口情報芸術センター［ＹＣＡＭ］である。常にディシプリンにとらわれず、自由にものを生み出す土壌に満ちたＹＣＡＭは、いまや私の活動の基礎になっている。なかでも、立ち上げから二〇一六年度までキュレーターとしてＹＣＡＭを率いて来られた阿部一直さん（現・東京工芸大学教授）、「プロミス・パーク・プロジェクト」の担当キュレーターだった井高久美子さん（現・一般社団法人ｈＯ代表）から受けた恩恵は計り知れない。お二人とはいまも「庭」をめぐるフィールドワーク、プロジェクトを継続しており、「庭」に多様な角度からアプローチする手法を常に刺激的に模索し合っている。

しかし、それも発端は、「ＹＣＡＭ10周年記念祭」の折、坂本龍一さんがお声がけくださったことにはじまる。本書にも少し記したように、私にとっての庭の原体験は、坂本さんによるものである。本書をご覧いただけなかったことが悔やまれてならない。坂本さんからいただいた庭に関する宿題については、改めて本格的に取り組むつもりである。

昨今の日本庭園への関心の高まりには驚きを隠せない。私がまだ大学生で「日本庭園を研究したい」と言っている頃は、「は⁉ にわ⁉」と言われること多々であった。そのようななか、右の坂本さんをはじめとするアートにおける「庭」の動向に注視していたが、管見の及ぶ限りにおいても、いまやアートや建築の分野で「庭」をコンセプトに掲げたものは枚挙に暇がない。さらには、近年、福嶋亮大氏による『思考の庭のつくりかた』（星海社、二〇二二年）や、宇野常寛氏の「庭の話」（『群像』二〇二二年七月号にはじまり現在も連載中）など、批評界においても「庭」が取り上げられるようになったことに驚いている。日本庭園、庭をめぐる課題は山積みである。

本書は、早川書房の山本純也さんのお声がけがあって実現した。これまで私が行ってきた日本庭園に関する活動をこの時点で一つにまとめられたことは望外の喜びである。とくに、第1章にまとめた私なりの日本庭園への視座の提示、人文学的研究と、第2章以降の庭園アーカイヴ・プロジェクトの活動は、これまで別個に進めてきたものであり、それらを一冊の書物にまとめる作業を通して、私自身、再認識できた点が多々あった。拙稿に毎回丁寧なコメントをくださり、また、多数の画像の権利処理をはじめ、本書の誕生にご尽力くださった山本さんに改めて感謝を表したい。

なお、第1章は、雑誌『小原流挿花』第六九巻第一―一二号（小原流、二〇一九年）に連載した「美の庭をめぐる」全十二回を大きく発展させたものでもある。この連載では、一つの庭をめぐるようにして、日本庭園を構成する要素を取り上げ、さらに関連する美術品などを取り上げていた。また、部分的に、私の博士論文に基づく『洲浜論』（作品社、二〇二三年）と重複する点がある。

第2章における庭園アーカイヴ・プロジェクトの活動については、ウェブサイト「Incomplete Niwa Archives 終らない庭のアーカイヴ」に掲載している三つの活動報告書を踏まえている点が多々ある。ウェブサイト等についてより詳しくは、そちらもご覧いただければ幸いである。

本書はこれで「終り」だが、言うまでもなく、私の日本庭園への探求は終らない。
本書によって、少しでも多くの方々が終りのない日本庭園めぐりに踏み出すとともに、今後も日本庭園が終りなく発展してゆくことを祈っている。

二〇二三年六月

原 瑠璃彦

＊本書の内容は、科学研究費（研究課題番号：17J08732、19H01225、22H00626）の助成を受けた研究成果の一部です。

参考文献・URL一覧

第1章

一次資料

浅見和彦校注・訳『十訓抄』新編日本古典文学全集51（小学館、一九九七年）。

阿部秋生、秋山虔、今井源衛、鈴木日出男校注・訳『源氏物語②』新編日本古典文学全集21（小学館、一九九五年）。

神田秀夫校注・訳「方丈記」『方丈記 徒然草 正法眼蔵随聞記 歎異抄』新編日本古典文学全集44（小学館、一九九五年）、九―六六頁。

小島憲之、木下正俊、東野治之校注・訳『萬葉集①』新編日本古典文学全集6（小学館、一九九四年）。

――『萬葉集②』新編日本古典文学全集7（小学館、一九九五年）。

小島憲之、直木孝次郎、西宮一民、蔵中進、毛利正守校注・訳『日本書紀①』新編日本古典文学全集2（小学館、一九九四年）。

――『日本書紀②』新編日本古典文学全集3（小学館、一九九六年）。

小林信明『列子』新釈漢文大系第22巻（明治書院、一九六七年）。

小松茂美編『伊勢物語絵巻 狭衣物語絵巻 駒競行幸絵巻 源氏物語絵巻』日本の絵巻18（中央公論社、一九八八年)。

小山弘志、佐藤健一郎校注・訳「卒都婆小町」『謡曲集②』新編日本古典文学全集59(小学館、一九九八年)、一一六―一一七頁。

菅野禮行校注・訳『和漢朗詠集』新編日本古典文学全集19(小学館、一九九九年)。

増補史料大成刊行会編『中右記 五』増補史料大成 第十三巻(臨川書店、一九六五年)。

瀧川龜太郎『史記会注考証』巻二(東方文化学院東京研究所、一九三二年)。

中野幸一校注・訳「紫式部日記」『和泉式部日記 紫式部日記 更級日記 讃岐典侍日記』新編日本古典文学全集26(小学館、一九九四年)、一一五―一一七二頁。

萩谷朴『平安朝歌合大成 増補新訂』第一巻(同朋舎出版、一九九五年)。

林屋辰三郎校注「作庭記」『古代中世芸術論』日本思想大系23(岩波書店、一九七三年)、二二三―四七頁。

福井貞助校注・訳「伊勢物語」『竹取物語 伊勢物語 大和物語 平中物語』新編日本古典文学全集12(小学館、一九九四年)、一〇七―二四六頁。

(星川清孝)「蘭亭記」『古文真宝(後集)』新釈漢文大系 第16巻(明治書院、一九六三年)、一五一―一六〇頁。

松尾聰、永井和子校注・訳『枕草子』新編日本古典文学全集18(小学館、一九九七年)。

馬淵和夫、国東文麿、稲垣泰一校注・訳『今昔物語集③』新編日本古典文学全集37(小学館、二〇〇一年)。

三島由紀夫「花ざかりの森」『花ざかりの森・憂国』(新潮社、一九九二年)、七―四八頁。

――「橋づくし」『花ざかりの森・憂国』、一五一―七四頁。

――「「仙洞御所」序文」『決定版 三島由紀夫全集34』（新潮社、二〇〇三年）、四五一―七二頁。

――『春の雪――豊饒の海（一）』（新潮社、二〇〇二年）。

――『天人五衰――豊饒の海（四）』（新潮社、二〇〇三年）。

――「卒塔婆小町」『近代能楽集』（新潮社、二〇〇四年）、九三―一一八頁。

峯村文人校注・訳『新古今和歌集』新編日本古典文学全集43（小学館、一九九五年）。

山口佳紀、神野志隆光校注・訳『古事記』新編日本古典文学全集1（小学館、一九九七年）。

吉田賢抗『史記（一）』新釈漢文大系第38巻（明治書院、一九七三年）。

――『史記（二）』新釈漢文大系第39巻（明治書院、一九七三年）。

二次資料

磯崎新『見立ての手法』（鹿島出版会、一九九〇年）。

小野健吉『岩波 日本庭園辞典』（岩波書店、二〇〇四年）。

――『日本庭園――空間の美の歴史』（岩波書店、二〇〇九年）。

折口信夫「鬼の話」折口信夫全集刊行会編『折口信夫全集3』（中央公論社、一九九五年）、九―一八頁。

川添登『東京の原風景』（筑摩書房、一九九三年）。

小寺武久『尾張藩江戸下屋敷の謎――虚構の町をもつ大名庭園』（中央公論社、一九八九年）。

白幡洋三郎『大名庭園――江戸の饗宴』（講談社、一九九七年）。

ジル・クレマン『動いている庭』山内朋樹訳（みすず書房、二〇一五年）。

進士五十八『日本の庭園――造景の技とこころ』（中央公論新社、二〇〇五年）。

鈴木博之『庭師 小川治兵衛とその時代』（東京大学出版会、二〇一三年）。

野本寛一『神と自然の景観論――信仰環境を読む』（講談社、二〇〇六年）。

松岡心平「立つこと――中世的空間の特異性」『中世文化の美と力』（中央公論新社、二〇〇二年）、二三五―三〇七頁。

二川幸夫、隈研吾『天上の庭』（エーディーエー・エディタ・トーキョー、二〇一七年）。

柳田國男「霊出現の地」『定本 柳田國男集』第一五巻（筑摩書房、一九六九年）、五六九―七一頁。

山崎正和「水の東西」『混沌からの表現』（筑摩書房、二〇〇七年）、一三一―一三三頁。

吉川需、高橋康夫『小石川後楽園』（東京都公園協会、二〇一五年）。

東京農業大学国際日本庭園研究センター「海外の日本庭園」https://www.nodaigarden.jp
京都府「西芳寺（苔寺）コケ植物調査」https://www.pref.kyoto.jp/kankyo/rdb/eco/gt/ss_18.html
「庭園情報メディア【おにわさん】」https://oniwa.garden

第2章

一次資料

山口県地方史学会編『防長地下上申 第二巻』（山口県地方史学会、一九七九年）。

山口県文書館編『防長風土注進案 第十三巻 山口宰判　下』（山口県立山口図書館、一九六一年）。

――『防長風土注進案 第十四巻 小郡宰判』（山口県立山口図書館、一九六三年）。

二次資料

網野善彦「中世「芸能」の場とその特質」『日本論の視座――列島の社会と国家』（小学館、一九九三年）、二九七―三五二頁。

粟野隆「日本近現代の歴史的庭園の調査・保存・修理を巡る状況から森蘊の業績を考える」マレス・エマニュエル編『森蘊研究成果報告書 昭和の作庭記――森蘊の業績と日本庭園史の作成』（綴水社、二〇二〇年）、四―二五頁。

飯沼二郎、白幡洋三郎『日本文化としての公園』（八坂書房、一九九三年）。

ヴァルター・ベンヤミン「写真小史」久保哲司訳『ベンヤミン・コレクションI――近代の意味』浅井健二郎編訳（筑摩書房、一九九五年）、五五一―八一頁。

――『パサージュ論 第3巻』今村仁司、三島憲一ほか訳（岩波書店、二〇〇三年）。

上田琢哉『「見る」意識と「眺める」意識――心理療法という営みの本質を考える』（創元社、二〇一九年）。

小澤圭次郎「明治庭園記」『明治園芸史』（日本園芸研究会、一九一五年）。

加藤友規、清水一樹、阪上富男「山縣有朋記念館所蔵の古写真に見る往時の無鄰菴庭園に関する研究」『ランドスケープ研究』第八〇巻第五号（日本造園学会、二〇一七年）、四四七―五二頁。

株式会社修復技術システム『史跡及び名勝 常栄寺庭園 保存整備事業 報告書』（宗教法人 常栄寺、二〇二〇年）。

公益財団法人セゾン文化財団編『Archiving Dance: セミナー「ダンス・アーカイブの手法」報告書』（公益財団法人セゾン文化財団、二〇一五年）。

重森三玲『日本庭園史図鑑』全二十六巻（有光社、一九三六—三九年）。

重森三玲、重森完途『日本庭園史大系』全三十五巻（社会思想社、一九七一—七六年）。

白石直典『雪舟の庭』（西日本新聞社、二〇〇〇年）。

高瀬要一「常栄寺庭園」山口市教育委員会文化課編『山口市埋蔵文化財調査報告第66集 常栄寺』（宗教法人 香山常栄寺・山口市教育委員会、一九九七年）、五七—六七頁。

細尾透『謎解き庭 龍安寺石庭——十五の石をめぐる五十五の推理』（淡交社、二〇一五年）。

吉見俊哉『博覧会の政治学——まなざしの近代』（講談社、二〇一〇年）。

渡邉英徳『データを紡いで社会につなぐ——デジタルアーカイブのつくり方』（講談社、二〇一三年）。

「山口情報芸術センターYCAM10周年記念祭」事前頒布パンフレット（山口情報芸術センター、二〇一二年）。

KYOTO Design Lab「日本庭園の風景と音の計測」

https://www.d-lab.kit.ac.jp/projects/2016/landscapeandsoundscape/
＊「プロミス・パーク・プロジェクト［リサーチ・ショーケース］」展におけるリサーチ展、「プロミス

・パーク――未来のパターンへのイマジネーション」展における《パーク・アトラス》についてより詳しくは、ウェブサイト「ムン・キョンウォン＋YCAM「プロミス・パーク」」（https://promise-park.ycam.jp/）に掲載されている拙文「St 1.0――《庭》の石から公園へ」（二〇一四）、「パーク・アトラスに至る6章――世界のアーカイヴ空間としての《公園》を想起するために」（二〇一七）を参照されたい。

第3章

一次資料

上野洋三校注『松蔭日記』（岩波書店、二〇〇四年）。

中野幸一校注・訳『うつほ物語③』新編日本古典文学全集16（小学館、二〇〇二年）。

（吉川需、高橋康夫）「後楽園紀事」『小石川後楽園』（東京都公園協会、二〇一五年）、三〇―四五頁。

二次資料

粟野隆「造園界の偉人たち 第6回 小澤圭次郎／醉園」『庭NIWA』No.248 2022 秋（建築資料研究社、二〇二二年）、八八―九一頁。

今橋理子「「養生の庭」――大名庭園の〈画〉と〈紀行〉」『江戸絵画と文学――〈描写〉と〈ことば〉の江戸文化史』（東京大学出版会、一九九九年）、一一七―一八八頁。

小澤圭次郎「園林叢書」其一―其四『風俗画報』第一三―一四号、一六―一七号（東陽堂、一八九〇年）。

里見航「本の森を歩く 第20回 地図から消えた庭――小沢文庫から」『国立国会図書館月報』No. 695（国立国会図書館、二〇一九年）、二〇―二七頁。

白河市歴史民俗資料館『定信と庭園――南湖と大名庭園』（白河市、二〇〇一年）。

進士五十八「日本庭園の美における季節感とAgingの問題点」『日本庭園の特質――様式・空間・景観』（東京農業大学出版会、一九九八年）、三一四―三七頁。

タイモン・スクリーチ『定信お見通し――寛政視覚改革の治世学』高山宏訳（青土社、二〇〇三年）。

飛田範夫『江戸の庭園――将軍から庶民まで』（京都大学学術出版会、二〇〇九年）。

中島那奈子、外山紀久子編著『老いと踊り』（勁草書房、二〇一九年）。

野田麻美「美しき庭園画の世界へのいざない――江戸絵画史における〈庭園画〉の消長と史的位置」『美しき庭園画の世界――江戸絵画にみる現実の理想郷』（静岡県立美術館、二〇一七年）、六―一六頁。

ミシェル・フーコー「ヘテロトピア」『ユートピア的身体／ヘテロトピア』佐藤嘉幸訳（水声社、二〇一三年）、三一―五三頁。

森守『六義園』（東京都公園協会、二〇一五年）。
＊（ ）に著者名を入れているものは、収録書籍そのものの著者であることを示す。

著者略歴

1988年生。東京大学大学院総合文化研究科博士課程修了。静岡大学人文社会科学部・地域創造学環専任講師。一般社団法人hO理事。専門は日本の庭園、能・狂言。著書に『洲浜論』、『翁の本』シリーズ（共著）などがある。坂本龍一、野村萬斎、高谷史郎による能楽コラボレーション「LIFE－WELL」（2013）、演能企画「翁プロジェクト」（2020―）でドラマトゥルクを担当。

ハヤカワ新書 008

日《に》本《ほん》庭《てい》園《えん》をめぐる
デジタル・アーカイヴの可能性

二〇二三年七月二十日　初版印刷
二〇二三年七月二十五日　初版発行

著者　原《はら》瑠《る》璃《り》彦《ひこ》
発行者　早川　浩
印刷所　中央精版印刷株式会社
製本所　中央精版印刷株式会社
発行所　株式会社　早川書房
東京都千代田区神田多町二ノ二
電話　〇三 - 三二五二 - 三一一一
振替　〇〇一六〇 - 三 - 四七七九九
https://www.hayakawa-online.co.jp

ISBN978-4-15-340008-5 C0270

「ハヤカワ新書」創刊のことば

誰しも、多かれ少なかれ好奇心と疑心を持っている。

そして、その先に在る納得が行く答えを見つけようとするのも人間の常である。それには書物を繙いて確かめるのが堅実といえよう。インターネットが普及して久しいが、紙に印字された言葉の持つ深遠さは私たちの頭脳を活性して、かつ気持ちに余裕を持たせてくれる。

「ハヤカワ新書」は、切れ味鋭い執筆者が政治、経済、教育、医学、芸術、歴史をはじめとする各分野の森羅万象を的確に捉え、生きた知識をより豊かにする読み物である。

早川　浩

古生物出現！空想トラベルガイド

ナウマンゾウと散歩、
潜水艇でアンモナイト見物！

もしもマンモスや恐竜が現代の日本の街を闊歩し、翼竜が空を飛んでいたら？　架空の旅のガイドブックを通して、全国から化石の発見が相次ぐ古生物天国・ニッポンの魅力を味わい尽くす。あなたもさっそく本書を手に取って、古生物と触れ合う旅に出てみよう！

土屋 健

ハヤカワ新書
002

現実とは？
——脳と意識とテクノロジーの未来

藤井直敬

「現実科学」という新分野を切り開く

「現実」って何？　この当たり前すぎる問いに、解剖学者、言語学者、メタバース専門家、能楽師など各界の俊英が出した八者八様の答えとは。あなたの脳をあらゆる角度から刺激し、つらくて苦しいことも多い「現実」をゆたかにするヒントを提供する知の冒険の書

ハヤカワ新書
004

教育虐待

——子供を壊す「教育熱心」な親たち

石井光太

子供部屋で何が起きているのか

教育虐待とは、教育の名のもとに行われる違法な虐待行為だ。それは子供の脳と心をいかに傷つけるのか。受験競争の本格化から大学全入時代の今に至るまでゆがんだ教育熱はどのように生じ、医学部9浪母親殺害事件などの悲劇を生んだのか。親子のあり方を問う。

ハヤカワ新書
005

ソース焼きそばの謎

塩崎省吾

お祭りで食べる
「あの味」の意外な起源

なぜ醤油ではなくソースだったのか？　発祥はいつどこで？　謎を解くカギは「関税自主権」と「東武鉄道」にあった！　全国１０００軒以上の焼きそばを食べ歩いてきた男が、多数の史料・証言と無限の焼きそば愛でソース焼きそばのルーツに迫る圧巻の歴史ミステリ

ハヤカワ新書
006